Decamerón londinense

Parte 2

Producción y edición:
BoD – Books on Demand, Norderstedt
Copyright: 2019 Karl Heinz Landenberger
ISBN 978-3-7494-5477-8

Balance provisional
del editor

Han pasado ya varios meses desde la aparición de la primera parte del *Decamerón londinense*, que abarca los primeros cinco días, hasta la publicación de la segunda parte, que cubre el sexto, séptimo y octavo día. Ya es hora de hacer un balance provisional. La reacción de los lectores al *Decamerón londinense* ha podido analizarse en conversaciones y cartas de sus lectores. Es sorprendente ver cuánto difieren los juicios sobre estas historias londinenses de acuerdo al interés del lector.

Scapa-Flow

Un lector, que acababa de hacer un viaje a las islas Orcadas, me informó que la parte del libro donde se afirmaba que allí se encontraba el cementerio de barcos más grande del mundo no era del todo correcta. Un hombre de negocios estadounidense, después de pagar 40.000 dólares, había sido autorizado para levantar y desguazar los restos del naufragio. Entonces, el valor monetario de esta soberbia flota imperial era de solo 40.000 dólares.

Postal antigua

Este lector, en un archivo adjunto al correo electrónico, añadió una postal antigua. Allí se veía a la marina alemana en todo su esplendor, por última vez, antes de que ordenaran su hundimiento.

Actas del juicio

El mismo lector también incluyó un segundo archivo adjunto: copias de actas del juicio contra el comandante, quien había ordenado, de manera arbitraria, que estos soberbios acorazados fueran entregados a los ingleses. A pesar de ello, luego fue condenado por los propios ingleses.

Valor del oro

En el tercer archivo adjunto el lector comentó que Alemania, derrotada, tuvo que pagar el valor de la flota de guerra en marcos de oro; es decir, se añadieron varios marcos de oro a las ya astronómicas reparaciones de guerra.

Literatura en la era digital

Las cartas de los lectores muestran algo muy interesante. Ellas enriquecen el texto literario original con información adicional. Ahora bien, debe haber una manera para que esta información esté inmediatamente disponible para todos los lectores futuros. Quizás fuera posible publicar las novelas y las historias en línea, permitiendo que cualquier persona añada un enlace a un capítulo o una sección, enlace al que un lector potencial podría acceder o no.

Fecha incorrecta

Un ingeniero de la fábrica de armas Heckler & Koch se remitió a otro aparte del libro completamente diferente. Informó que Churchill recibió realmente la pistola Mauser al cumplir 21 años, su mayoría de edad, y no al cumplir los 18. Esta pistola llevaba la marca G96, pues en 1896 supuso una novedad: fue la primera pistola automática del mercado que también podía cargarse. Churchill nació en 1875 y, por lo tanto, tenía 21 años en 1896, cuando su madre le compró esta novedad. Esta corrección también es interesante y merece ser registrada.

Anarquistas

También hubo otra carta muy significativa, donde se resaltaba que había hechos contradictorios en la descripción del incidente de la Sidney Street. Ellos no eran, en absoluto, unos ladrones inofensivos, sino que pertenecían a un grupo de anarquistas fugitivos y habían llegado a Londres como refugiados después de la fallida Revolución rusa de 1905.

Gran contingente

El despliegue de 200 agentes de policía, especialmente entrenados en Scottland Yard, demuestra que se trataba realmente de una operación a gran escala. Los bandidos tenían pistolas Mauser semiautomáticas, armas muy superiores a las de los policías, lo que condujo, en un futuro, a que la policía de Londres se equipara con armas mejores y más modernas.

Refugiados

Estos revolucionarios habían entrado al país como refugiados después de la revolución de 1905 y del asesinato del zar, cuando el levantamiento fue suprimido y los agitadores procesados. En Londres, fueron recibidos con amabilidad, pero esto no les impidió satisfacer sus necesidades financieras con robos y atracos a bancos.

Expropiar a los expropiadores

Ese era su lema. También querían una sociedad libre de clases en Inglaterra, pero esto no contó con la aprobación de todos. Aquello que los círculos influyentes de Londres consideraban deseable para Rusia no necesariamente era igual de bienvenido en su propio país. El apoyo que Stalin, Lenin y otros más pudieron reclamar para sí mismos durante su estancia en Londres disminuyó notablemente con el tiempo y, por ello, los revolucionarios buscaron refugio en otras ciudades. Lenin, por ejemplo, se fue a Zúrich.

Banalización

La banalización de estos actos terroristas anarquistas también se aplica al asedio de Sydney Street. Si bien era obvio que un gran grupo de anarquistas bálticos estaba involucrado en el atraco, al final solo se habló de dos villanos inofensivos. Solo se encontraron los cuerpos carbonizados de Georg Gardstein y Max Schmoller, cuyos restos fueron barridos con una escoba en el sótano, lugar donde habían cavado un túnel a través de la pared para llegar a la joyería. Ellos habían estado involucrados, desde hace mucho tiempo, en el mismo grupo responsable del ultraje de Tottenham y el asesinato de Hunditsch. A Peter Piaktov, por otra parte, se le ha perdido el rastro desde entonces. Él era uno de los cabecillas del grupo. Es posible que se hubiera calcinado en un piso superior. Los demás participantes (Jakob Vogel, Luba Milstein, Fritz Schwarz y Jakob Peters) fueron absueltos, pues no pudo demostrarse su participación directa.

Es un caso muy similar a los de hoy en día: se asegura que una víctima de violencia ha recibido un golpe en la sien con un zapato (como en Chemnitz), pero luego se afirma que la víctima no murió a causa de heridas en la cabeza, sino a causa de una insuficiencia cardiaca preexistente.

Divertido

También hubo otro hecho menor que motivó a un lector a escribir. El hecho de que Churchill escupiera un riesling que le pareció amargo en el famoso restaurante Dolder motivó al redactor de esa carta a las siguientes reflexiones. Él no creía que, en este caso, Churchill hubiera escupido en el plato de la vecina. Pero tampoco podía escupir apuntando al suelo, pues estaba sentado junto a la mesa. Y mucho menos podía escupir hacia los lados, pues a cada lado había una mesa vecina.

Escupir sobre el mantel de una mesa tan grande habría resultado muy costoso, pues, para reparar los posibles daños, habría que recoger y organizarlo todo. Solo quedaba una opción: escupir en el propio plato. El redactor investigó un poco, pero en ninguna parte pudo encontrar dónde fue que Churchill terminó escupiendo. Sigue siendo un misterio; simplemente, puede que incluso hubiera escupido en su propia copa. Esta grandiosa idea me fue transmitida por Katrin, mi secretaria.

Comparación

El redactor, sin embargo, también contribuyó con una comparación. Hitler fue invitado a Múnich por la familia Hanfstaengl. Ahora bien, como ya se sabe, él se oponía fervientemente al alcohol. Sin embargo, la señora Hanfstaengl logró que Hitler tomara una pequeña copa de un riesling particularmente bueno. Quien beba un vino o cerveza por primera vez no se sentirá particularmente atraído, y a Hitler le pasó exactamente lo mismo. Este riesling de primera calidad le pareció amargo, pero igualmente tomó el primer sorbo. Luego le pidió a la señora Hanfstaengl que le alcanzara el azúcar y vertió una cucharada para endulzar esta "gaseosa". No quería parecer descortés dejando la copa sin beber.

Idea original

Una pareja de amigos, muy viajada, pero que extrañamente nunca había estado en Londres, se inspiró en el argumento de mis historias londinenses y decidió, espontáneamente, viajar allí por unos días. Su programa era seguir el mismo camino de los relatos. La lectura de mi libro fue su preparación. La comida, incluso, debía tener lugar en los sitios allí descritos. Así, el primer día fueron a Hyde Park y comieron fish and chips en The Swan. El segundo fueron a East End y comieron cordero con tomates cerca del Tower Bridge. Durante el tercer día recorrieron el Támesis, Westminster Abbey y los "war rooms" de Churchill; por la noche, ratatouille en The French House. El cuarto día visitaron la Art Gallery y el British Museum, cerrando el día con sopa de pescado donde Jamie. Al quinto día visitaron la catedral de St. Paul y la City of London y acabaron, inevitablemente, con hamburguesas.

En este libro, durante el sexto, séptimo y octavo día se recorre el Hampton Court Palace, el Castillo de Windsor y el "Wild Park" de Hampstead Heath.

Quizás ellos planeen viajar de nuevo por tres días a Londres para pasar un fin de semana.

Creta

Otra familia pudo ver, durante su viaje a Creta, los campos donde yacen los huesos de paracaidistas alemanes. Se sintieron particularmente atraídos por la historia de los paracaidistas. Ellos, mientras están en el aire, son un blanco ideal para el enemigo. Su equipo y sus rifles, como eran muy pesados, tuvieron que ser lanzados en paracaídas especiales. Entonces, cuando los soldados aterrizaban, todavía no estaban listos para la acción. Primero tenían que buscar sus armas, pero los paracaídas que llevaban su armamento solían aterrizar en lugares lejanos. Este desembarco, y la subsiguiente expulsión de los militares ingleses, había sido un éxito únicamente después de muchas pérdidas humanas; haberlo logrado era casi un milagro. Esto se debe solamente al heroísmo sin límites de los soldados alemanes.

Heroísmo

Realmente debemos hablar de heroísmo. La fuerza naval inglesa era plenamente superior y contaba con 32.000 hombres en la isla de Creta, mientras que, por otro lado, solamente había 22.000 paracaidistas alemanes. De ellos, más de 7.000, es decir, un tercio, fueron derribados en la primera hora. Un paracaidista que se mece en el aire es un blanco perfecto. Por eso, el hecho de que los alemanes lograran ahuyentar a los británicos es casi increíble.

Fantasías de Churchill

Inglaterra, a pesar de las muchas pérdidas que sufrió Alemania, fue derrotada. Y Churchill tuvo que responder por ello, pues la incursión en Creta había sido idea suya. Él explicó la pérdida por parte de los británicos alegando que los alemanes habían tramado un engaño infame. Según él, los alemanes habían saltado disfrazados de monjas y monjes y por eso los ingleses no les habían disparado. Pero luego, esta mentira le pareció demasiado inverosímil y decidió mejorarla: ellos habían saltado con uniformes neozelandeses. Por este motivo, los ingleses pensaban que se trataba de un ejército aliado. Esto sonaba, al menos, un poco más creíble.

Yo, de todos modos, me alegré al recibir este correo. En la era de la comunicación digital, el lector puede participar en un libro y no tiene que limitarse exclusivamente a una lectura pasiva.

Sorprendente

Ahora bien, ningún lector se refirió al capítulo que yo creía que causaría mayor resonancia. Me refiero al capítulo que describe el atentado en la cervecería Bürgerbräukeller de Múnich. Si el servicio secreto británico (encargado para ello por Churchill) no le hubiera dicho a la Gestapo que Elser había recibido 4.000 marcos provenientes del Reich en Zúrich para preparar un asesinato, es muy posible que no hubieran empezado a vigilarlo. Por lo tanto, su atentado podría haber sido un éxito, es decir, Hitler podría haber muerto. Mejor dicho, escribiéndolo en el mejor estilo de la literatura devocional: Churchill le salvó la vida a Hitler. ¿Quién debe estarle agradecido por este noble gesto?

Correcciones menores

El traductor al español resaltó concienzudamente algunas inexactitudes. El "Mare Nostrum" era para los romanos todo el Mediterráneo y no sólo el Adriático. Y la cita de Nietzsche, "El hombre es un tránsito y un ocaso", no proviene de *El Anticristo*, sino de *Así habló Zarathustra*.

Corrección adicional

Este mismo traductor también señaló que el abuelo de Unity Mitford, el primer Barón de Redesdale, no había traducido los escritos de Houston Stewart Chamberlain del alemán al inglés, sino que solamente los había prologado.

Chistes y dichos ingeniosos

Algunos, particularmente los de Churchill, aparecen en abundancia. Pero hay, por supuesto, muchos más. "No sports" es uno de los más famosos. Un admirador de Churchill extrañó este dicho. Sin embargo, él mismo señaló que la validez de este dicho es algo limitada. Se dice que Churchill, durante sus años juveniles, fue un apasionado deportista. Incluso fue el mejor de su colegio en esgrima. Su primer compromiso político lo llevó a la India. Allí fue considerado como uno de los mejores jugadores de polo, lo que requiere una enorme agilidad.

Póker

También era un apasionado del juego. Él propuso que, para celebrar la victoria sobre Hitler, la celebración podía completarse con una partida de póquer con el presidente Truman. (Por cierto, cabe recordar que Truman fue el sucesor de Roosevelt, quien había muerto unas semanas antes del final de la guerra.) Churchill perdió un millón de libras esterlinas durante esa noche jugando con Truman. Esas eran sus ganancias de los bonos de guerra. En 1938 ya había perdido todo su patrimonio, pues la guerra no había estallado en ese momento. Es más, si Strakosch no lo hubiera rescatado, Churchill se habría visto obligado a vender su propia casa. De todas maneras, Churchill volvió a arriesgarse y, en 1939, compró bonos de guerra. Esta vez fue más cauteloso e invirtió en sumas más pequeñas, pero, de todas maneras, estas alcanzaron a redituar 1 millón de libras.

Nueva generación

También llamó mi atención la siguiente generalidad: la generación nacida después de la Segunda Guerra Mundial ya no tiene ninguna relación directa con los hechos descritos en estas historias londinenses. Ellos nunca han oído los nombres de reconocidos políticos, héroes de guerra y artistas de la época. Y tampoco les interesa. Estoy hablando de aquellos que hoy tienen cincuenta años.

Novísima generación

Ya no tienen la práctica de leer. Una oración hipotáctica, con sus categorizaciones y subordinaciones, ya no puede ser procesada. Si ven muchas de estas frases seguidas, su capacidad de concentración se sobrecarga. Ahora se charla y se habla por Whatsapp. Ya ni siquiera escriben.

Audiolibro

Una solución para llegar al público de entre 20 y 30 años es, tal vez, hacer un audiolibro. Las letras negras sobre papel blanco, que a su vez se convierten en ideas, requieren de un entrenamiento de las funciones cerebrales que la escuela de hoy ya no persigue. Y para los más jóvenes, esto ni siquiera es una posibilidad. Para ellos, lo único que queda es adaptar las historias a una serie de comics.

Adaptación al cine

También queda la alternativa de hacer una buena adaptación al cine. Eso es lo que a mí me gustaría. O también llevar esta historia a la vida en un teatro.

Adelanto

El año que viene aparecerá la tercera y última parte de estas historias londinenses. Allí se describen el noveno y décimo día.

Adenda

Acaban de llegar dos cartas a mi buzón, cuyo contenido me gustaría explicar.

Engaño a Polonia

Al primer remitente le interesa, en particular, el engaño de Churchill a los polacos. En primer lugar, la promesa incumplida de intervenir si Polonia era atacada. Esto no ocurrió cuando los alemanes atacaron y, ciertamente, tampoco ocurrió cuando la Unión Soviética atacó. Por último, unas semanas antes del final de la guerra, Churchill y los EE. UU. retiraron todo el apoyo al gobierno polaco en el exilio. Dejaron que Polonia se convirtiera en el botín de guerra de Stalin y, por ello, Polonia resultó siendo un estado vasallo.

Accidente aéreo en Gibraltar

La peor parte, sin embargo, fue el asesinato de Sikorski y de todo su equipo de gobierno; su avión cayó en Gibraltar por órdenes de Churchill, y solamente sobrevivió el piloto. Así lo describe, por lo menos, el escritor Hochhuth.

Hochhuth

Él describió esta tragedia en su obra de teatro de fama internacional *Soldaten. Nekrolog auf Genf* ("Soldados. Un obituario para Ginebra"). Como el piloto aún vivía cuando se estrenó la obra y allí aparecía descrito como como un cómplice del accidente, un tribunal autorizó que se le diera una indemnización por concepto de difamación. No hay pruebas irrefutables para la hipótesis de Hochhuth. Hoy en día, los documentos del caso permanecen bajo llave, pues se trata de un asunto clasificado.

Katyn

La causa de esta tragedia fue Katyn. El 13 de abril de 1943, las tropas alemanas descubrieron fosas comunes de oficiales e intelectuales polacos durante su avance. Estaba claro que los soviéticos eran los responsables de esta masacre. Pero, como Churchill estaba intentando cooperar con Stalin, el asunto se complicaba. La responsabilidad fue entonces atribuida a los alemanes, pero los polacos seguían pidiendo una investigación objetiva. Se dirigieron a la Cruz Roja pero, como ya se dijo, Churchill no quería problemas con Stalin. Por este motivo tuvo que sacrificar a su querido Sigorski y al gobierno polaco en el exilio. El piloto entró en la cabina de vuelo vistiendo un chaleco salvavidas. El único testigo ocular del accidente testificó que el avión no se estrelló, sino que intentó realizar un aterrizaje forzoso. Ni este testigo ocular, ni tampoco el piloto, Edward Prchal, fueron llamados a testificar durante las investigaciones en torno al accidente. Tampoco se realizó un proceso penal, pues se alegaron razones secretas.

La segunda carta

El remitente señala que Churchill quería ocultar que él era el único que quería obligar a Eduardo VIII a abdicar. Por este motivo, pronunció un discurso en el parlamento en el que solo habló de la abdicación del rey. Su discurso fue abucheado; ahora bien, no queda claro si los abucheadores fueron manipulados para participar o no.

"El dinero gobierna el mundo"

Sin embargo, el Barón Rothschild era quien realmente había encargado a Churchill dar ese discurso. Él también estaba ansioso por ocultar este hecho. Invitó de manera expresa al rey y a Wallis Simpson a una grandiosa cena en la que expresó públicamente su profundo pesar por el hecho de que Eduardo VIII quisiera abdicar. Si bien el rey estaba al tanto de las intenciones del Barón Rotschild, él fue lo suficientemente astuto como para seguirle el juego. Pero ¿de qué habría servido el escándalo de hacerle saber al público que el dueño de las grandes sumas de dinero y de los periódicos tenía más poder que el mismísimo rey? Básicamente, todos lo saben: "El dinero gobierna el mundo". Solo que en ese entonces se habría hecho público que el dinero tenía nombre y que se llamaba Rothschild.

Una corrección adicional

Un conocido, profesor de historia, me señaló que era posible que Houston hubiera sido manipulado por noticias falsas. Esto sucedió cuando él asumió que los generales de Franco se negaban a obedecer las órdenes de su superior a causa de un soborno. Pero, en realidad, la razón era otra. Franco habría insistido en que, si él quería conquistar Gibraltar, también tendría que conquistar el territorio del lado opuesto, Marruecos, donde España tenía dos enclaves, Ceuta y Melilla, y ampliar su zona de influencia. Ahora bien, este terreno le pertenecía, a pesar de su capitulación, al gobierno de Vichy. Y Hitler, por supuesto, no quería estropear sus relaciones con él.

Divertidas

Tengo un buen amigo, a quien no veo hace mucho. Su trabajo le quita mucho tiempo. Finalmente, ayer en la noche, pasó por mi casa. Su visita era importante para mí, pues yo sabía que él había comprado un ejemplar de mis historias londinenses y quería conocer su opinión. "Estas historias son divertidas", dijo inmediatamente después de saludarme. Esto me alegró mucho y, por eso, quisiera usar este comentario para cerrar esta sección sobre las reacciones de los lectores. El autor no solo quiere que sus historias sean interesantes, sino que también sean agradables para el lector. Schiller ya ha descrito esta antítesis en dos versos de 4 palabras:

"Seria es la vida
alegre es el arte"

El sexto día
Viaje en autobús a Hampton Court (6.1)

Houston me prometió algo especial para este día, algo que los visitantes usuales de Londres no suelen ver fácilmente: los hermosos jardines alrededor del Hampton Court Palace. Hampton Court está situado a orillas del Támesis, pero muy lejos del centro de la ciudad, río arriba, en la periferia de la gran ciudad.

Para llegar allí tomamos uno de los autobuses de dos pisos de Londres. Queríamos ver los distintos barrios de Londres durante el camino. Estos barrios recuerdan más bien a pequeñas ciudades, pues son en parte muy idílicos, con pequeños jardines frontales y esas casas unifamiliares típicas.

Miroslav

Houston me contó durante el viaje que allí veríamos a Miroslav, uno de sus mejores amigos, quien también suele asistir a las charlas nocturnas de su círculo cercano. Su padre había llegado a Londres como parte de la comitiva del exilio del gobierno polaco.

Huida del gobierno polaco regular

El gobierno de Varsovia huyó de los alemanes inmediatamente después de la derrota. Por lo general, un gobierno permanece en su lugar y negocia un tratado de paz con el ganador. Pero, en este caso, es posible que los polacos hubieran tenido que aprobar la construcción de un enlace ferroviario y automovilístico entre Alemania y Prusia Oriental. También es probable que los representantes del gobierno hubieran asumido que Hitler les haría un juicio sumario y, por ello, quisieron ponerse a salvo cruzando la frontera con Rumania. Pero los rumanos estaban aliados con los alemanes y los capturaron. Por esta razón se formó un nuevo gobierno polaco en el exilio, bajo el mando de Sigorski.

Gobierno polaco en el exilio

Sigorski ya había sido presidente y era conocido por odiar a los alemanes. Él dijo: "Debemos quitarles las casas y los campos a los alemanes (aquí se refería a los alemanes que se encontraban sobre el territorio que fue asignado a Polonia después de la Primera Guerra Mundial). Y, si no se largan ellos mismos, tendremos que matarlos". Estas son las palabras de un hombre de estado, palabras que desde la perspectiva de hoy serían muy cuestionables. Más de un millón de alemanes fueron expulsados de esta manera, inmediatamente después del final de la Primera Guerra Mundial, es decir, antes del estallido de la Segunda Guerra Mundial. Además, de acuerdo a los nacionalsocialistas, 65.000 alemanes murieron en masacres. Churchill, sin embargo, redujo este número. En su libro de diez tomos sobre la Segunda Guerra Mundial dijo que solo se trataba de 8000 personas, algo que no valía la pena mencionar.

Sede temporal del gobierno

Sigorski se exilió inicialmente en París con los miembros del gobierno. Estaba muy decepcionado con Churchill. Él había sido, precisamente, la persona que lo había instado a ir a la guerra; y ahora, a pesar de haberse comprometido a ayudarle, le abandonaba desvergonzadamente. Sin embargo, tras la derrota de Francia, el gobierno del exilio se vio obligado a ir a Inglaterra.

Concesiones de Hitler

Hitler, proponiéndole a los polacos concesiones incluso mayores que las de la República de Weimar, había estado a punto de llegar a un acuerdo con los polacos.

Sí, incluso había planeado tomar medidas contra los bolcheviques acompañado de los polacos. La clase media y alta de Polonia se oponía, al igual que los alemanes, a un ataque comunista. A cambio de su participación en el ataque contra los soviéticos, Polonia recibiría la totalidad de Lituania, tal como lo había sido durante la dinastía de los Jagellón. Los polacos también recibirían pequeños terrenos en Ucrania habitados por pequeñas comunidades polacas.

Promesas de Churchill

Pero Churchill le había prometido muchísimo más a los polacos si no cooperaban con Hitler. Recibirían los territorios de Prusia Oriental, Silesia, Mecklemburgo-Pomerania Occidental y toda la costa del mar Báltico. Y no solo eso, también les prometió territorio que, por causas históricas, era crucial para ellos: la Marca de Brandeburgo, junto con Berlín, la capital. Para la gente de hoy, tales promesas parecen inimaginables. Y los polacos cayeron en ellas.

Encubrimiento

Pero, una vez terminada la Segunda Guerra Mundial, Churchill actuó como si los polacos hubieran forzado la expulsión de los alemanes de su patria por decisión propia, incluso en contra de la voluntad de él. En el discurso realizado en Fulton a los estudiantes universitarios estadounidenses, incluso habló de una expulsión injusta. Ahora bien, él sabía muy bien que había violado el derecho internacional y los derechos humanos, pero consideró prudente ocultarlo.

La "Brandenburg"

La "Brandenburg" fue, hasta el siglo XII, la fortaleza más poderosa de los eslavos occidentales, todavía paganos. Los polacos provienen de allí y, por ello, reclamaban este terreno. Estos pueblos fueron forzados a cristianizarse en la época de las Cruzadas, alrededor de 1200. Sin embargo, la población no fue expulsada. Con el paso de los siglos se mezclaron con los alemanes y adoptaron su lengua. Los vestigios de la lengua eslava solo se conservan alrededor del Bosque del Spree, donde es hablada por sorbios y vendos. De todas maneras, los apellidos de muchas personas evidencian que una gran parte de la población tiene raíces eslavas. Un millón de apellidos alemanes son de origen polaco. Todo esto me trae una historia a la mente.

Thomas Gottschalk

Él es el presentador más popular en Alemania y proviene de esta región. Él, como es tan curioso, hizo analizar su ADN, pero quedó muy sorprendido al enterarse de que el 50% de su material genético es de origen polaco. No obstante, este resultado no tiene nada de sorprendente. El mismo resultado se aplica, probablemente, a todos los que provienen de Brandeburgo o de Mecklemburgo-Pomerania Occidental; claro, si parto de lo que tú afirmas, querido Houston.

Tormenta de mierda

Gottschalk hizo un chiste inofensivo al respecto. Este sorprendente descubrimiento sobre sus "raíces" le inspiró a decir, con bastante autocrítica, lo siguiente: "Ahora sé por qué me gustaba robar de niño".
Se sabe que los polacos son especialmente activos en el robo de coches en la zona fronteriza. Sin embargo, el hecho de que este chiste autocrítico desencadenara una tormenta de mierda

solo demuestra que no tenemos una relación tranquila entre nosotros.

Expulsión

Básicamente, los polacos expropiaron y expulsaron a sus propios compatriotas en 1945, compatriotas que habían adoptado la lengua alemana en el curso de los últimos 800 años.

Ignorancia

En ese momento le hice saber a Houston que yo ignoraba todo lo que él me estaba contando, que solo hasta ese momento me enteraba de este hecho histórico. Ignoraba mucho, sobre muchas cosas. Mi impresión es que la historia alemana se desvanece en el plan de estudios de los colegios alemanes.

Raza pura

Las razas puras son fundamentales en la cría de caballos y perros. Muchos creen que las razas puras también son lo más importante en la raza humana. Hitler, por ejemplo, estaba convencido de que la gran inteligencia de los judíos se debía al hecho de que ellos, a lo largo de su historia, le habían dado un gran valor a la pureza de la raza. Para ser judío, la madre debe ser judía; el padre, en cambio, no debe serlo necesariamente. En algunos casos, ni siquiera la madre sabe quién es el padre.

Coudenhove-Kalergi

El gran político Coudenhove-Kalergi, quien era producto de una mezcla de razas y tenía capacidades extraordinarias, estaba convencido de que la mezcla de razas produce sujetos inferiores. Su padre provenía de la antigua nobleza bohemia, la cual, a su vez, se había mezclado con sangre holandesa; su madre, por otro lado, era una Kalergi, una japonesa de la nobleza.

Mezcla de razas

Houston y yo discutimos sobre esta teoría. A mí me parecía que la mezcla de razas es, muy probablemente, mejor que la pureza de razas. Coudenhove-Kalergi es el mejor ejemplo de ello. En Sajonia y Brandemburgo, como lo muestra el caso de Thomas Gottschalk, las cosas no pueden ser mejores, pues allí la mezcla entre eslavos y alemanes es del cincuenta-cincuenta. Los grandes genios, como Bach, Händel, Schumann o Nietzsche, son, muy probablemente, mezclas exitosas de dos razas. Un verdadero shock sería que, si se practicara un análisis de ADN a Martín Lutero, se demostrara que este alemán originario era realmente medio polaco.

Pacto Hitler-Stalin

Hitler no pudo llevar a cabo su plan de atacar el bolchevismo acompañado de los polacos, pues los polacos prometieron a los británicos provocar una guerra con Alemania. Hitler, entonces, tuvo que cambiar de frente y se alió con Stalin. Hitler quería evitar, a toda costa, una guerra frontal (tal como había sucedido en la Primera Guerra Mundial).

Agua y aceite

Esa fue la alianza más paradójica que se pueda imaginar. El objetivo principal de Hitler era aniquilar del bolchevismo. El objetivo final de Stalin era completar la revolución internacional, la cual solo podría ser exitosa "cuando las banderas rojas ondeen en Berlín" (según la afirmación de Lenin).

En su pacto con Stalin, Hitler le aseguró a los bolcheviques que, si ellos firmaban un pacto de no agresión, ellos podrían ocupar los estados bálticos y los territorios que Polonia había incorporado en 1920 (territorios que, a su vez, habían sido incorporados por Polonia contraviniendo el derecho internacional), a pesar de que solo una minoría de 1 millón de polacos estaba asentada allí junto con 6 millones de bielorrusos y ucranianos. Churchill, por su lado, le prometió lo mismo a Stalin si atacaba a Hitler, algo así como una exigencia mínima. Para Churchill, entregar a los países bálticos era algo fácil. Él no tenía relación alguna con estos países, ni con su historia. Hitler, por el contrario, sabía cuántos alemanes bálticos habían vivido allí, y también sabía que las grandes ciudades como Riga y Reval (ahora Tallin) tenían una gran historia hanseática.

Doble sorpresa

El pacto Hitler-Stalin fue una sorpresa para todo el mundo. Pero no para Churchill. Su plan no era solo destruir a Hitler, sino también a Stalin. Él quería que los dos se enfrentaran entre sí y que, al hacerlo, se destruyeran. Sin embargo, para lograrlo, primero tuvo que estallar una guerra. Pero esto era difícil, pues Hitler sabía que, después de Versalles, Alemania no estaba preparada para ello. Él nunca habría atacado a Polonia si no hubiera contado con el apoyo de Stalin.

Churchill le aseguró a Stalin que, si él acordaba un pacto de no agresión con Hitler, contaría con el pleno apoyo del Imperio Británico y de los Estados Unidos. Stalin también podría romper este pacto si llegaba un momento en el que hacerlo resultara conveniente para Rusia. Entonces, él realizó este acuerdo con la firme intención de romperlo cuando le resultara conveniente.

La otra cara

Hitler también sabía, por supuesto, que Stalin no iba a cumplir este pacto. Él tampoco tenía la intención de cumplirlo. Ahora bien, él opinaba que estos hechos podían desencadenar otros hechos que, a su vez, cambiarían la constelación de fuerzas en el mundo.
Se realizó entonces el primer disparo en Gdansk. Y comenzó la Segunda Guerra Mundial. Una de sus primeras víctimas fue la masacre de Katyn.

Katyn

Stalin, como estaba enterado (gracias a su servicio secreto) de los planes originales de atacar la revolución comunista dirigida por él, decidió vengarse. En las zonas reclamadas por los polacos, que ahora le correspondían gracias al Pacto Hitler-Stalin, Stalin hizo purgas; es decir, la clase alta polaca, además de todos los oficiales de alto rango, fueron "liquidados". Sin embargo, esta matanza solo se hizo evidente cuando los alemanes descubrieron las fosas comunes de Katyn durante su avance.

Primera traición de Churchill

Todas las promesas que Churchill le había hecho a los polacos dejaron de tener validez después de que el ejército polaco fue derrotado por el alemán. La ayuda militar que les había prometido no se materializó. Esta ayuda tampoco se materializó cuando los rusos marcharon sobre Polonia. Churchill afirmó que, a fin de cuentas, la lucha de los aliados era solamente contra los alemanes.

Churchill volvió a traicionar a los polacos después de la guerra. Dos semanas antes de la Conferencia de Potsdam él "trajo a la casa" al gobierno polaco en el exilio. Stalin había conquistado todo el territorio de Polonia y en ningún momento se consideró un trabajo conjunto con el gobierno polaco en el exilio. Ni ellos ni Stalin lo consideraban posible, y no solo a causa de lo sucedido en Katyn. Entonces, el gobierno polaco permaneció en el exilio en Occidente; con el tiempo, cada vez menos estados lo reconocían, y, al final, solo lo reconoció el Vaticano. Incluso algunos polacos que habían luchado con valentía tampoco querían volver a su patria. Para ellos, la dictadura estalinista era peor que vivir en un país extranjero. Gran parte de los soldados polacos que habían cruzado el Canal de la Mancha durante la invasión del Día D, y que lucharon en los Países Bajos y el norte de Alemania, se quedaron y se establecieron allí.

Miroslav

El padre de Miroslav se quedó en Inglaterra y luego se casó con una inglesa. Miroslav nació en Londres y creció allí. No obstante, se trajo a su esposa de Polonia: Mila, proveniente de Cracovia.
Miroslav trabaja ahora como guía turístico. Entre sus clientes se encuentran, sobre todo, grupos de polacos que no hablan inglés y que quieren recorrer el Hampton Court Palace.
Nos unimos a una de sus visitas guiadas, pues estas son bilingües. Una vez terminada la visita, teníamos una invitación a almorzar con Mila.

Hampton Court Gardens (6.2)

Pero, antes que nada, queríamos dar un pequeño paseo por estos magníficos jardines. Houston suele recorrerlos. "Cuando camino, se me ocurren las mejores ideas. En cambio, si estoy sentado, no se me ocurre nada. Sobre todo, si estoy en mi escritorio. Solo hay bostezos, vacío y un papel en blanco. Después de una hora de trabajo, llena de tachones y correcciones, apenas queda una frase útil. En este lugar, por el contrario, los pensamientos sí vuelan."

Peripatético

Tú, obviamente, eres un peripatético, como en los días de Platón. Sus *Diálogos* también surgieron de caminatas y charlas con sus alumnos.

Jardín privado real

Comenzamos nuestro recorrido al sur del castillo, en el jardín privado real. Desde allí puede disfrutarse una vista de la impresionante fachada sur del castillo, la cual fue construida por Christopher Wren. Este también rediseñó el jardín original usando como modelo jardines franceses. Así, gracias a su trabajo, surgió un jardín típicamente barroco, con un estanque redondo y parterres de motivos geométricos.

Demolición del castillo

El plan original consistía en demoler todo el antiguo castillo y reconstruirlo en el estilo barroco clasicista. Pero, afortunadamente, no había dinero suficiente para ello. Habría sido una desgracia que el castillo central de Enrique VIII, donde vivió con sus seis esposas y sus hijos, hubiera dejado de existir. Houston confesó, en ese momento, que su relación con el castillo tocaba sus más íntimos sentimientos.

Orilla del Támesis

El camino nos llevó junto el Támesis. A lo largo de este camino puede admirarse un vallado de hierro forjado, ricamente decorado, que imita las sinuosas orillas del río. Luego, siguiendo hacia el oeste, pudimos contemplar en la Orangerie *Los triunfos del César* de Andrea Mantegna. En el invernadero, junto a la Orangerie, se encuentra "the great vine". Esta vid es considerada la más grande del mundo, tiene árboles de 3,8 m y una enredadera de 75 m. En este lugar se realiza, una vez al año, la mayor exposición de flores del mundo.

Jardín de pozos

Al este de ella, paseamos por el jardín semicircular alrededor de las doce fuentes, las cuales están abundantemente equipadas con estatuas. Al norte se encuentra el "Wilderness", un jardín con setos altos cortados y un gran laberinto con setos de tejo de 2 m de altura. Los homosexuales de Londres suelen encontrarse allí. No muy lejos de allí, en uno de los muelles del Támesis, se encuentra el Old Deer Park, con 270 animales.

Homosexualidad (6.3)

Durante mucho tiempo, este tema fue un tabú. Hoy en día, el matrimonio y la fundación de una familia son la excepción. La gran pregunta en torno a la homosexualidad es: ¿en qué pensaba la naturaleza cuando creó la inclinación homosexual? ¿Qué función tiene este fenómeno en la evolución? La teoría válida hoy en día dice: los más capacitados son los que se reproducen y, por ende, la evolución sigue su curso. En el caso de los animales, el animal más fuerte es el que puede aparearse y asegurar la protección de su descendencia. Pero, ¿y en el caso de los humanos? ¡El hombre más atractivo se lleva a la mujer más hermosa!

Defecto genético

Las parejas homosexuales no tienen hijos. La percepción oficial es que estas personas tienen un defecto genético y que, por ello, la madre naturaleza ha tomado precauciones para evitar que se reproduzcan. ¿Estás de acuerdo?

Ejemplos

Houston no pudo evitar reírse. Esta teoría suena lógica, dijo, pero mira la realidad. Cristiano Ronaldo, el mejor y más atractivo futbolista, dice ser gay: "Soy un gay, pero soy un gay millonario". ¿Dónde hay un defecto genético? Además, él es padre de cuatro hijos. El hijo mayor es muy guapo, es la viva imagen del padre y da la impresión de estar muy sano. Y lo mismo sucede con los demás jugadores de clase mundial: es muy difícil pensar que tengan un defecto genético. Los actores y cantantes más deseados, los verdaderos mujeriegos, a menudo resultan ser gays. Lo mismo se dice de Churchill.

Cadete

Todo oficial británico tiene derecho a tener un cadete como paje. El padre del cadete que fue asignado a Churchill entabló una demanda contra él, pues su hijo había quedado completamente traumatizado a causa de abuso sexual. El padre, sin embargo, retiró la acusación cuando se dio cuenta de que no tendría la más mínima oportunidad de obtener justicia en un proceso contra alguien con tanto poder.

Hitler y Hess

Incluso se dice que Hitler tuvo tales relaciones con Hess. Se dice que persiguió a los homosexuales con tanta tenacidad para ocultar su propia homosexualidad.
Por todos estos motivos, la teoría del defecto genético ya no vale.

Artículo 175

El artículo 175 del código penal alemán castigaba los actos homosexuales. En el antiguo testamento, la homosexualidad era incluso castigada con la muerte. Para los creyentes de la Biblia, el problema radica en que esta orden ya no se aplica.

Zeus

Por el contrario, en la mitología griega el dios supremo, Zeus, tiene a un muchacho como copero: Ganimedes. Rembrandt retrata la escena en la cual Ganimedes, todavía un niño, es raptado por el águila de Zeus. El retrato de esta escena es muy humano, demasiado humano. El pequeño y bullicioso niño tiene mucho miedo y, por ello... se mea.

Alejandro Magno

Aplastó el Imperio persa de Darío y difundió la cultura helénica hasta el Indo. Además de sus demás esposas, tenía una favorita, Roxana; pero también tenía un mejor amigo. Alejandro, estando ya en la cúspide de su poder, se hizo adorar en Babilonia como un déspota oriental. Sin embargo, su amigo querido no quiso arrodillarse ante él. Pero, como Alejandro ya había bebido más que suficiente, perdió control sobre sus acciones y mató a su mejor amigo. Posteriormente, sobrio de nuevo, nunca pudo sobreponerse a esta pérdida.

Aquiles

El héroe más esplendoroso de la epopeya homérica sobre Troya, el mismo Aquiles, deshonró el cadáver de Héctor porque este último había matado a Patroclo, su mejor amigo, en plena batalla. Él es el ideal de un hombre, como Sigurd con los teutones. En el caso de Aquiles también podemos descartar un defecto genético.

Sé honesto

Houston, tú sabes tanto sobre la homosexualidad que debo asumir que has estado viniendo aquí por muchos años, y no solo por los hermosos jardines. Aquí has encontrado a gente que comparte tu opinión.

Respuesta honesta

Pongámoslo así: no solo me gusta la *Venus* de Milo. También me gustan el *Apolo* de Belvedere, el *Hermes* de Praxíteles y el *Niño de la espina* de Policleto.

Alcibíades

Era sobrino de Pericles, el mejor estadista que pudo tener Atenas durante su mayor apogeo cultural. Era considerado el hombre más bello de la ciudad. Cuando era joven, todas las mujeres acudían a él, lejos de sus maridos. Cuando se hizo hombre, los hombres huían de sus esposas y corrían hacia él.

Sócrates

Se dice que incluso a Sócrates le gustó Alcibíades. Esto no tiene nada de sorprendente, más aún si tenemos en cuenta que estaba casado con Jantipa. Ella era tan beligerante que incluso su nombre quedó grabado como el epítome de la esposa malvada y violenta. Y de las cuales hay más de lo que uno cree.

Siracusa

Alcibíades, al ser tan admirado, se volvió soberbio. Luego hizo parte del escándalo de los Hermocópidas y de la catastrófica campaña de guerra contra la ciudad griega más rica de Sicilia, Siracusa.

Aristófanes

Ahora debo contarte una divertida teoría, proveniente del poeta cómico Aristófanes. Con seguridad conoces su comedia *Lisístrata*. Las mujeres de Atenas, al notar que sus maridos no tienen tiempo para ellas por estar en la guerra, se niegan a compartir sus lechos con ellos.

Humanos redondos

Este comediante, que aparece como personaje en el diálogo platónico *El banquete*, cuenta en este diálogo que hay tres tipos de personas: las que nacieron del sol, las que nacieron de la tierra y las que nacieron de la luna. Estos tres tipos de humano eran redondos, como una esfera, al igual que las deidades de las que proceden. Todos tenían cuatro piernas, cuatro brazos y dos cabezas. Podían correr en todas direcciones y eran tan poderosos que los demás dioses se pusieron celosos.

División

Zeus, el dios supremo, decidió entonces partirlos por la mitad para así también reducir sus capacidades a la mitad. A partir de ese día, cada uno de nosotros está buscando a su otra mitad.

Los nacidos del sol se convirtieron en dos hombres, pues el dios que los creó era también un hombre: Helios (griego), o Sol (latín).

Los nacidos de la tierra se convirtieron en dos mujeres, pues Gaia (griego) o Terra (latín), es una deidad femenina.

Los nacidos de la luna se convirtieron en una mujer y un hombre. Semele (griego) o Luna (latino) es inconstante: a veces es luna llena y otras es luna menguante, creciente o nueva. Sus criaturas, en consecuencia, tienen el valor más bajo.

Los más valiosos son los hombres, quienes descienden del sol. Ellos son, sobre todo, los políticos, aquellos que se ocupan de lo más importante, los asuntos del estado. Sin ellos, la política y el estado serían imposibles.

Las mujeres que provienen de la tierra también son de gran valor. Un ejemplo es la gran poetisa Safo, quien vivía en la isla de Lesbos, de la que las lesbianas toman su nombre.

Las mujeres que descienden de la luna, en cambio, son adúlteras y prostitutas. Lo mismo se aplica a los hombres que descienden de la luna, ellos son mujeriegos y fornicadores.

Conclusión

Aristófanes ha puesto entonces todo patas arriba. Para él, el amor entre hombre y mujer es de menor valor. ¿Estaría hablando en serio? ¿O será solo la idea de un poeta cómico que quiere hacer reír a su público? Incluso esta idea de los humanos redondos es algo curiosa. Nunca los he visto representados, ni tampoco puedo imaginarme cómo se verían.

Inicio de la visita guiada (6.4)

Para el final de nuestra conversación, ya habíamos llegado a la entrada del Hampton Court Palace, justo en el momento en el que comenzaba la visita guiada. Una multitud más grande ya estaba de pie. Houston observó entre ellos y reconoció a Miroslav desde lejos, quien se acercó a nosotros, y me lo presentó. La primera impresión que tuve de Miroslav me dio a entender que este hombre y nosotros nos llevaríamos muy bien. Esta impresión se vio reforzada cuando comenzó su conferencia.

Enrique VIII

No aturdió a sus oyentes con detalles, ni los abrumó con una serie interminable de datos. Se limitó a presentar a la gente que vivía en este palacio y, en ese momento, las paredes cobraron vida. En el centro de este palacio se encontraba Enrique VIII. Este palacio era su residencia favorita. Vivió con sus seis esposas e hijos en este magnífico palacio, que reconstruyó, amplió y embelleció constantemente. Cada una de sus esposas recibió un apartamento lujosamente diseñado. Además, se construyeron espacios para más de 1000 cortesanos y sirvientes. No solo eso, durante la visita del embajador francés se añadieron 200 invitados. (La famosa pintura de Holbein, *Los embajadores*, fue pintada en esa época).

Las cocinas

El joven Enrique era enorme: medía 1,87 m y comía bastante bien. Para él era crucial que la mesa estuviera abundantemente servida, tanto así que "la tabla se doblase". Las primeras medidas tomadas durante su construcción, después de que el rey se hiciera cargo del castillo, fueron la ampliación de las cocinas a más de 50 habitaciones. De los muchos fogones necesarios para ello, todavía restan 121 al día de hoy. Están bellamente decorados con ladrillos en un estilo ornamental. La riqueza de un propietario se evidenciaba en los fogones, pues demostraban que había bastante para comer.

Platos Tudor

En la época de los Tudor, los platos consistían en los mejores patés y tortas de azúcar. Para ello, se importaban limones y naranjas de Italia. Incluso se traían piñas desde el mundo recién descubierto por Colón. Tampoco se ahorraba en especias caras, como pimienta de la India o jengibre de China, ni mucho menos en vino del continente europeo. Por supuesto, también había grandes cantidades de carne a diario: asada en brochetas o frita en cacerolas. Al cocinar, se calculaba un kilo por comida y por persona. Los faisanes no podían faltar, tampoco las codornices. Los peces, incluso los delfines, eran arrastrados al castillo por los sirvientes y servidos en valiosos platos de peltre.

The Great Hall

La gran sala, con una impresionante bóveda de cañón y sus 32 m de largo, 12 m de ancho y 18 m de alto, era la habitación más grande del castillo y servía de comedor. Las paredes estaban cubiertas con magníficos tapices de Bruselas que representaban la vida de Abraham. Estos tapices se lavan cada 50 años en un lugar especialmente construido para ello.

La gran casa del alivio

Después de una comida suntuosa, el estómago sobrecargado también necesita su alivio. Hampton Court Palace es uno de los primeros palacios de Europa con un inodoro comunitario, el cual contaba con servicio de descarga de agua y 28 asientos para niños y hombres. Con la ayuda de tuberías de plomo, el agua llegaba desde el cerro Coombe, a 5 km de distancia. La casa del alivio es una obra maestra de la época y aún hoy se puede admirar en el foso del castillo.

Puede comparársele con Versalles, el castillo del Rey Sol, que más de cien años después todavía no tenía este lujo. Solo había orinales, *pots de chambre*. Estos eran llevados por los sirvientes a través de largos pasillos y luego tenían que ser vaciados. Y todo esto para 5000 personas.

Enrique VIII y sus seis esposas (6.5)

Catalina de Aragón

Ahora Miroslav llegó a la parte de su charla que más le importaba: la gente que habitaba el palacio y los ilustres invitados que entraban y salían de él. Las habitaciones de la primera esposa de Enrique VIII señalaron el comienzo de la visita guiada. Si bien Enrique VIII es probablemente el rey inglés más conocido, se sabe relativamente poco sobre sus esposas. Cada una de ellas, por separado, es extremadamente interesante. Especialmente la primera, Catalina de Aragón. Un hermoso retrato de Holbein muestra a esta reina en un gesto inusualmente simpático. Allí se la ve muy femenina, con rasgos faciales suaves y hermosos, y también modesta y reservada, con verdadera humildad cristiana, a pesar de su alta posición. Se cuenta que ella misma adornaba las camisas de su marido con bordados.

Sus padres

Sus padres son la famosa Isabel de Castilla y Fernando de Aragón (que corresponde a la actual Cataluña, el área situada alrededor de Barcelona). Este matrimonio había unido, por primera vez, a toda España. Conquistaron el último reino árabe en Granada durante la Reconquista y, gracias ello, los últimos árabes fueron expulsados de la península, permitiendo que el cristianismo regresara a todo el país.
Ellos encargaron a Colón encontrar la ruta marítima a las Indias a través del Oeste. Ahora bien, en aquel entonces la gente no estaba tan segura de que la tierra fuera redonda. Pero Colón no llegó a las Indias, sino a América. Nunca le dijeron que se había equivocado de lugar. Hasta el final de su vida, siempre tuvo la seguridad de haber desembarcado en las Indias. Por eso llamó indios a sus habitantes. De todos modos, España se convirtió en una potencia mundial a través de este

descubrimiento y todas las dinastías gobernantes de Europa se apresuraron a aliarse, mediante el matrimonio, con este nuevo centro de poder.

Matrimonio a los 4 años

Enrique VII, buscando que ninguna otra casa gobernante le arrebatara una novia para su hijo mayor, lo casó a la edad de 3 años con la hija menor de la familia real española, Catalina. En un principio, los dos niños se quedaron con sus padres. Sin embargo, a la edad de 16 años, Catalina tuvo que viajar a Inglaterra para presentarse ante su marido, Arturo Tudor, que tenía 15 años. Y el matrimonio fue oficialmente consumado.
Catalina había recibido una educación excelente. Hablaba varios idiomas, entre ellos el latín, que todavía era común en ese entonces. El latín era la *lingua franca*: no solo se usaba en la iglesia, sino también en todas las universidades europeas.

Muerte prematura

El heredero al trono, que apenas tenía 15 años, murió de manera sorpresiva apenas unos 5 meses después de la boda. Ambos, Catalina y Arturo, se pusieron muy enfermos. Ella sobrevivió a la enfermedad, pero él no. Él tenía una enfermedad muy común por ese entonces, la tuberculosis, que no se podía curar. Y de este modo Catalina, a la edad de 16 años, ya era viuda. Llegó a considerarse que lo mejor que podría hacerse era enviarla al monasterio. Siguieron años de incertidumbre. Pero el segundo hijo del rey decidió, a los 18 años, casarse con Catalina. Ella, con 26 años, era 8 años mayor que él, pero todo un encanto. Parece que el joven Enrique sí estaba enamorado de esta mujer, que seguía siendo muy bella. No solo eso: su padre, al morir el 21 de abril de 1509, le había pedido que se casara con Catalina, pues ella era muy popular entre la gente.

Anulación del primer matrimonio

El matrimonio, según lo estipulaba la iglesia católica, solo podía darse una vez. Catalina, por consiguiente, no podía casarse tan fácilmente por segunda vez. Por eso tuvo que anularse su primer matrimonio alegando que, a causa de sus 15 años, este no había sido consumado. Una vez hecho esto, nada más se interponía en el camino del matrimonio con Enrique VIII.

Bendición de los niños

El joven Enrique tenía prisa. Catalina quedó embarazada inmediatamente. No alcanzó a cumplir ocho meses de embarazo y el 31 de enero de 1510 dio a luz a una niña. Desafortunadamente, el bebé murió el día de su nacimiento. Catalina volvió a quedarse embarazada ese año y el 1 de enero de 1511 dio a luz a un feliz heredero: Enrique, duque de Cornualles. Pero él también murió pronto, 50 días después del parto. Tras un aborto espontáneo en 1512, otro hijo nació en noviembre de 1513. Pero, como murió ese mismo día, ni siquiera consiguió un nombre. Fue anónimo. También el siguiente hijo, Enrique, duque de Cornualles, que nació en diciembre de 1514, murió al cabo de unos días.

Finalmente, el 18 de febrero de 1516, dio a luz a un bebé con vida, pero esta vez era una niña, María, quien luego fue conocida como "María la Sanguinaria".

En Inglaterra solo los descendientes varones tenían derecho al trono. El pariente cercano de Enrique VIII, el rey de Escocia, se frotaba las manos con emoción, pues él esperaba que la corona de Inglaterra recayera sobre sus descendientes.

Se hizo necesario otro embarazo, pero volvió a nacer una niña. Sin embargo, ella también murió el día de su nacimiento, el 10 de noviembre de 1518. Este parto tuvo muchas complicaciones, tantas, que se hizo claro que Catalina no podría dar a luz a más niños. Para ella, pero también para su marido, esto fue una catástrofe. Es posible que Enrique VIII tuviera un factor Rh negativo y que, por lo tanto, su sangre fuera incompatible con la de su esposa.

Sífilis

Otra explicación es la siguiente: el joven Enrique ya había contraído la sífilis de una amante y luego había transmitido la enfermedad a todas sus esposas. Este hecho explicaría las frecuentes complicaciones de embarazo de todas ellas. Ana Bolena también tuvo un mortinato.

Esplendor y miseria

Cuando se piensa que Catalina provenía de una familia real, la cual se convirtió en potencia mundial gracias al descubrimiento de América antes de ella, y que se casó con el soltero más codiciado, Enrique VIII, el cual, una vez que su padre Enrique VII ganó la Guerra de las Rosas, ayudó a Inglaterra a convertirse en potencia mundial, es difícil no asombrarse. Ella debió haber sufrido mucho; su destino le deparó muy poca felicidad.

Sin salida

Pero el pobre Enrique VIII necesitaba un hijo varón, a como diera lugar. No tuvo más remedio que embarazar a todas las damas de la corte. Afortunadamente, todas eran mujeres muy bonitas y tampoco se oponían, en absoluto, a los coqueteos del rey. Era un joven muy atlético, guapo y muy alto. Había instalado canchas de tenis en sus jardines y, además, lo jugaba muy bien. También era excelente jugando al fútbol. Montar a caballo, por supuesto, era una obviedad. Pero su mayor pasatiempo era el tiro con arco y flecha.

Nunca se contó el número de niñas que nacieron en el círculo de la corte, pero, de todas maneras, sí hubo un hijo varón entre estos nacimientos. El rey vitoreaba.

Enrique FitzRoy

El niño, nacido el 15 de junio de 1519, también recibió su nombre: Enrique. También obtuvo inmediatamente los títulos de duque de Richmond y de Somerset. Él tenía el rango de la nobleza más alto del país. Luego sería el heredero al trono. Pero, como murió a los 17 años, esto nunca sucedió.

Sufrimiento

Todo esto fue una dura prueba para la simpática Catalina: las relaciones del rey con las cortesanas y, además, el hecho de que su hijo ilegítimo, Enrique FitzRoy, fuera preferido a su hija María en la sucesión al trono.

María Bolena

Era la hermana de Ana Bolena y, al igual que ella, una cortesana en la corte del rey. Tuvo dos hijos de Enrique VIII, los cuales sobrevivieron: Catalina Carey, quien vivió hasta los 45 años, y Enrique Carey, quien nació en 1526 y vivió hasta los 70 años. No ha sido aclarado por qué el rey no reconoció a este segundo hijo ilegítimo. La razón era, probablemente, que estaba muy enamorado de la hermana de María, Ana Bolena, y que esperaba que ella le diera el heredero al trono. Sin embargo, ella se resistió a sus coqueteos, lo que avivó la pasión de él. Ella aceptó luego, pero con una condición: debería casarse con ella. Ahora, para que esto fuera posible, el matrimonio con Catalina de Aragón debía anularse. El rey, sorprendentemente, respetó su voluntad.

La corte más esplendorosa de Europa (6.6)

Hasta ese momento, la corte inglesa era la más esplendorosa de Europa. Incluso superaba a la corte de los Medici en Florencia. Todas las celebridades de Europa entraban y salían del Hampton Court Palace.

Persona excepcional

Enrique VIII no solo era un atleta excepcional, también tenía un gran talento intelectual y artístico. Tocaba varios instrumentos musicales y, además, compuso sus propias obras y canciones, las cuales ahora hacen parte del acervo popular. La obra que se le atribuye, *Greensleeves*, es incluso gratificante para los oídos modernos.

Erasmo de Róterdam

Uno de los invitados habituales a la corte era el humanista más famoso de Europa, Erasmo de Rotterdam. El rey podía discutir, de igual a igual, con este gran erudito. Él también reconoció las habilidades inusuales de Tomás Moro, a quien incluso dio el título de Lord Canciller. Esta era la posición política de mayor rango en la Inglaterra de entonces. El rey redactó una carta en su defensa dirigida a la iglesia católica, pero esta fue escrita, en gran medida, por Tomás Moro. Este texto, por otra parte, causó que el papá se refiriera a él como el "defensor de la fe".

Tomás Moro

Erasmo consideraba que su amigo, Tomás Moro, era una de las personas más inteligentes de Inglaterra, la cual ya estaba, según su propia opinión, bendecida con muchos brillantes eruditos. Dedicó a su amigo su obra más exitosa y ampliamente leída, *Elogio de la locura*.

William Shakespeare

Además, en aquel entonces también vivía el poeta más grande de Inglaterra, William Shakespeare. Este ya recibía el apoyo del rey y luego sería apoyado por su hija, la gran Isabel. Tiempo después, Shakespeare retrató la vida del rey, con dignidad y precisión, en un drama histórico llamado *Enrique VIII.*

El pintor Hans Holbein

El pintor Hans Holbein, quien capturó en magníficas pinturas toda la vida cortesana en la corte real, tiene el mismo nivel de los grandes pintores que trabajaron para los Medici en Florencia.

Juana I de Castilla

Siempre hubo muchos invitados a la corte del rey. Por ejemplo, la hermana mayor de su esposa Catalina, Juana, vino de visita. Estaba casada con el hijo de Maximiliano I, Sacro Emperador Romano Germánico. El hijo del emperador era tan llamativo que era conocido como Felipe el hermoso, *Philippe le Beau* en francés. Juana estaba muy enamorada de su marido, pero mostraba ese amor de una manera demasiado pública (algo inadmisible para una reina). Ella perdió la razón después de la muerte temprana de su marido y pasó a la historia como Juana la Loca.

Carlos V

Juana era la madre de Carlos, quien luego sería rey I de España y V del Sacro Imperio Romano Germánico. Él también visitó oficialmente a Enrique VIII, poco después de haber sido investido como emperador. Este hecho también fue posterior a la Dieta de Worms, en la cual Lutero estuvo enfrente de él y, sin embargo, no replicó nada: "Aquí estoy, no puedo evitarlo…".

Política matrimonial

Enrique VIII quería casar a su hija María, de 5 años, con el joven emperador, de 21 años. De esta manera se lograría que España, la potencia mundial, quedara relacionada con Inglaterra, que también aspiraba a serlo. Sin embargo, la edad mínima para casarse era de 12 años, lo que habría significado que Carlos habría tenido que esperar 7 años.

Este era un tiempo de espera muy largo para Carlos y, entonces, se casó con Isabel de Portugal. De esta manera, toda la Península Ibérica quedaba en una sola mano. En 1529, casó a su hijo Felipe II, de 2 años, con María, quien ya era su prometida, pero tenía 13 años.

Grandes planes

Pero estos grandes planes no se llevaron a cabo. Como Enrique VIII se divorció de Catalina de Aragón, María dejó de ser heredera al trono. Por este motivo, María dejaba de ser una candidata interesante para el trono español. Pero, cuando María se convirtió en reina de Inglaterra después de la muerte prematura del heredero varón al trono, Carlos V casó a su hijo Felipe II con ella en segundas nupcias. Ahora bien, él no era el rey en ejercicio, sino el consorte de la reina. Este matrimonio, desafortunadamente, no dejó descendencia. María solo tuvo embarazos psicológicos y, como murió relativamente pronto, Isabel la sucedió en el trono. A partir de entonces, Felipe II se convirtió en el mayor enemigo de Inglaterra. Más aún cuando Isabel hizo ejecutar a María Estuardo, quien estaba del lado católico. Él construyó la Armada Invencible, la flota más grande del mundo hasta la fecha. Una batalla con esta flota decidiría quién sería la futura potencia mundial. Pero la tormenta más grande de ese siglo decidió sobre esta batalla.

Enrique VIII como candidato

También vale la pena notar que Enrique VIII ya se había postulado como candidato a emperador para el Sacro Imperio Romano Germánico. Ahora bien, entre los 7 Electores, él tuvo menos oportunidades que Francisco I, el rey de Francia, quien contaba con el apoyo del papa. Los tres electores eclesiásticos (el obispo de Maguncia, el obispo de Colonia y el obispo de Brandeburgo) debían seguir la voluntad del papa y apoyar al rey francés. Él también tenía 300 ducados de oro listos para darlos como soborno y, además, solo le hacía falta un voto entre los Electores, pues, con 4 votos de 7, ya se alcanzaba la mayoría. Carlos V, quien gracias a la ayuda de la Familia Fugger pudo repartir 800.000 ducados de oro para "acelerar la transacción", también logró que los obispos cambiaran de opinión.

Pero, mientras Miroslav daba estas explicaciones sobre el proceso de elección del emperador, me permití el siguiente juego intelectual.

Juego intelectual

¿Qué habría pasado si Enrique VIII hubiera sido elegido Emperador del Sacro Imperio Romano Germánico? Él tuvo menos oportunidades que Francisco I de Francia, quien era favorecido por el papa y, por lo tanto, por tres obispos electores. Y también menos oportunidades que Carlos V, Carlos Quint, Carlos I, el español, que tenía a su lado al donante más rico del mundo en aquel momento, Johann Fugger de Augsburgo, y a su abuelo, el emperador Maximiliano; este último, en su lecho de muerte, recomendó a Carlos a los electores alemanes hablando en dialecto austriaco: "Ach nehmet's ean doch. S'ischt an Bursch a so an fescher." ("Elíjanlo a él. Es un tipo muy 'fesch'." "Fesch" significa agradable, bonito, amistoso, guapo, de constitución fuerte, chic, rápido...).

Sí, Enrique VIII tenía entonces 20 años, pero supongamos que, a pesar de todo, sí hubiera sido elegido emperador. ¿Cómo de diferente habría sido entonces la política mundial?

La separación de mayor trascendencia y dificultad de todos los tiempos (6.7)

Miroslav describió la separación de Catalina y Enrique así: la separación de mayor trascendencia y dificultad de todos los tiempos. Ana Bolena le hizo cumplir su palabra. Y ¿cuál fue el precio de ello? También debemos pensar, antes que nada, en el efecto que todo esto tuvo sobre Catalina.

La dimensión política mundial de esta separación

Cuando se trata de una separación de este nivel, con personajes históricos, su dimensión excede el ámbito personal. Hay muchos factores involucrados, a menudo contradictorios. Al principio parecía que este era un problema únicamente eclesiástico, pues el matrimonio era indisoluble en la ley católica. Ahora bien, los abogados canónicos siempre encuentran una manera de evadir la ley. Hay muchos pasajes en la Biblia en los que el deber moral de un hermano es casarse con la viuda de su hermano fallecido para garantizar su casa y su sustento. También es conocido el pasaje en el que le preguntan a Jesús sobre qué debería hacerse si una mujer enviuda y no tiene hijos.

Que se case con su hermano, respondió Jesús. Y si este también muere sin dejar descendencia, pues que se case con el siguiente hermano, incluso hasta llegar al séptimo.

Abogados canónicos

Afortunadamente, los abogados canónicos encontraron un pasaje en un libro de Moisés que dice: "Maldito sea el que se acuesta con la mujer de su hermano". Como Catalina se había casado siendo una niña de 4 años con su hermano Arturo, este pasaje se utilizó para justificar la separación. Y el papá también habría estado de acuerdo con esta separación.

Carlos V

Carlos, emperador del Sacro Imperio Romano Germánico y rey de España, tenía algo en contra de esta separación: ya había casado a su hijo de dos años, Felipe II, con la hija de su tía Catalina, María. Pero la oportunidad de evitar este divorcio llegó de parte del rey de Francia, Francisco I.

Francisco I

Él no estaba nada satisfecho después de haber sido derrotado por Carlos V en la elección del emperador y, por ello, quería arrebatarle, al menos, sus tierras en el norte de Italia. Él había invadido esta zona con sus ejércitos, pero, en la batalla de Pavía, se hizo claro que las tropas imperiales tenían la ventaja. Y fue capturado.

Violación de la palabra de honor

Carlos V se comportó como un caballero y dejó libre a Francisco I, bajo la palabra de honor de este último de no volver a atacar. Pero una vez que el hombre liberado regresó Francia, reunió un nuevo ejército y volvió a invadir el norte de Italia. Realizó este ataque con el apoyo del papa, pues este no quería tener a un vecino tan poderoso como Carlos V al norte del Vaticano. Pero, en la segunda batalla, al igual que en la primera, las fuerzas imperiales fueron superiores a las de

Francisco I, quien fue capturado de nuevo. Esta vez, sin embargo, estuvo cautivo en Madrid durante más de un año.

Escasez de dinero

Las condiciones financieras del emperador quedaron bastante mal después de las dos batallas de Pavía. Era tal la escasez, que su comandante Frundsberg no podía pagarle a sus mercenarios. Ahora bien, como él consideraba que el papa era uno de los responsables de este segundo ataque, Frundsberg se trasladó con su ejército a Roma y saqueó el tesoro papal. El dinero recogido por el papa mediante indulgencias para la construcción de la magnífica Catedral de San Pedro hizo que las arcas del tesoro estuvieran muy llenas. Pero este saqueo no se detuvo ahí. El saqueo a toda Roma, conocido como *Sacco di Roma*, también afectó a todos los palacios de los ricos. El mismo papa fue capturado. Y no se le permitió aprobar la separación de Enrique VIII y Catalina.

Papa Clemente

Él fue, por cierto, el papa que construyó la iglesia más grande de la cristiandad; pero también necesitó mucho dinero para ello. Clemente tuvo la maravillosa idea de vender, a cambio de dinero, la absolución de los pecados. Incluso este derecho era retroactivo a los difuntos. Entonces, si uno quería reducir los tormentos en el infierno de su padre o de su madre, bien podía pagar una indulgencia:
"Tan pronto caiga la moneda a la cajuela,
el alma del difunto al cielo vuela".
Así predicaba Johann Tetzel, el más exitoso traficante de indulgencias. Es interesante que este tráfico de indulgencias condujera a la Reforma, pues Martín Lutero se opuso a ello en las noventa y cinco tesis, que publicó en la iglesia del castillo en Wittenberg. Irónicamente, la división de la iglesia fue un resultado de la construcción de la Iglesia de San Pedro.

Embarazo

Ana Bolena desistió entonces de su negativa al coito y ya estaba en el tercer mes de embarazo. Ahora bien, Enrique VIII no quería que, bajo ninguna circunstancia, el hijo que esperaba naciera ilegítimo. Él se casó con Ana incluso antes de separarse de Catalina. Como esta separación no iba a permitirse, pues Carlos V se oponía a ella (y el papa estaba en sus manos), Enrique le escribió una carta a Lutero pidiéndole ayuda. Le preguntó qué podría hacer la iglesia inglesa para separarse de Roma, pues así él mismo podría convertirse en el líder de la iglesia, al igual que los príncipes protestantes del imperio. Así llegó la separación de Roma y la fundación de la Iglesia Anglicana.

Iglesia Anglicana

Ahora la iglesia inglesa era independiente y Enrique VIII era su líder. Entonces él, jefe plenipotenciario, pudo hacer valer su separación. El problema era que esta solo fue reconocida por los países gobernados por el protestantismo. Esta separación no era válida para el mundo católico. De todas formas, su esposa Catalina tuvo que dejar su apartamento en Hampton Court Palace e irse con su hija María a vivir a un castillo remoto.

La gran decepción

Ana Bolena, en vez de dar a luz al ansiado heredero al trono, trajo al mundo a una mujer. Ella fue, años después, la famosa reina Isabel I.

Ana Bolena (6.8)

Reina de los mil días

Este matrimonio, que llevó a la secesión de la iglesia inglesa de Roma y a la enemistad con la casa real española y con el emperador Carlos V, duró menos de tres años. Unos mil días, aproximadamente, por lo que Ana Bolena recibió el título de Reina de los Mil Días.

Juramento de supremacía

Todos los funcionarios ingleses estaban obligados a jurar que la secesión de la iglesia inglesa de Roma era legal. Pero Tomás Moro se negó a hacerlo. Permaneció fiel a su fe católica. Si bien él era uno de los confidentes más cercanos del rey, Enrique VIII lo sentenció a muerte por decapitación.

Cuidado con la barba

Él mantuvo su compostura hasta el último momento. Incluso le dijo lo siguiente al verdugo: "No cortes mi barba, ella es inocente".

Incomprensible

Lo que sí es incomprensible, sin embargo, es que Enrique VIII exhibiera su cabeza cercenada en el London Bridge durante días y días. ¿Cómo es posible que la cabeza de uno de los mejores espíritus de Europa, y de uno de los mejores amigos del rey, haya sido tratada de forma tan vergonzosa?

Evisceración

Sin embargo, lo que el rey sí le amnistió a su amigo, en una última prueba de misericordia, fue la pena de "evisceración".

En consecuencia, se arrancaron las entrañas de otra persona, alguien que no pertenecía a la nobleza, antes de la ejecución. Se hizo un corte del cuello hasta el órgano sexual, que había sido previamente cercenado, permitiendo abrir toda la parte delantera; luego se extrajeron, comenzando por la garganta, el corazón, los pulmones, el estómago y los intestinos. Pero el delincuente aún no estaba muerto. Él debería sufrir tanto dolor como fuera posible antes de que, finalmente, lo cortaran en cuatro pedazos.

Froissart

El gran pintor francés capturó este procedimiento en un cuadro. Cuando uno piensa que semejantes actos eran posibles cuando la prosperidad cultural, supuestamente, estaba en su apogeo, uno tiene que preguntarse si esa imagen del ser humano es verdaderamente realista. Se supone que tales crueldades solo eran posibles en sociedades arcaicas.

Gracia

Enrique VIII también demostró que le quedaba algo de humanidad durante la ejecución de su esposa Ana Bolena. Ella debería ser ejecutada con una espada, pues esto se consideró más honorable que arrancarle la cabeza con el hacha de un verdugo.

Bendición del hogar

Cuando Ana Bolena dio a luz a un niño en su segundo año de matrimonio, pero este solo vivió unos pocos días, la bendición matrimonial ya estaba tan torcida que este evento ni siquiera se registró por escrito. Algunos historiadores incluso dudan de que este nacimiento haya tenido lugar.

Tercer embarazo

Este tercer embarazo no se produjo. Ana Bolena fue acusada de adulterio y ejecutada. Es difícil imaginar que ella, quien fue la única entre las cortesanas que se resistió a los avances del rey e insistió en un matrimonio (ya sea por razones morales o porque quería ser reina), haya cedido a los cortejos apasionados de un tercero, precisamente ahora, cuando ya era reina. Todo esto fue, más bien, una calumnia del partido político que estaba en contra de la separación y en contra de la secesión de la Iglesia de Roma.

Vagabundos

También debe mencionarse otra cara oscura del esplendoroso período Tudor: su problema con los vagabundos.

Fabricación de telas

Los ingleses siempre han sido innovadores. Hicieron muchos inventos técnicos que los convirtieron en pioneros de la era tecnológica. Inventaron técnicas de tejido que les permitieron producir las mejores telas de Europa. El terciopelo y las telas más finas, hechas del mejor hilado de estambre, alcanzaron precios muy altos. Por este motivo, los terratenientes pasaron de la agricultura a la ganadería ovina, dedicándose ahora a la producción de lana.

Trabajadores agrícolas

Los trabajadores agrícolas ya no tenían trabajo. Además, los pequeños agricultores fueron obligados a vender sus pequeñas parcelas para, de esta manera, crear pastos grandes y contiguos. Y, cuando las ganancias por la venta de la tierra se acabaron, se convirtieron prácticamente en vagabundos.

Utopía

Tomás Moro dejó sus casas a los campesinos que trabajaron con su tierra y les permitió tomar toda la tierra que quisieran para cultivar lo que necesitaran para vivir. Pero eso fue un caso excepcional. Por lo general, estos trabajadores agrícolas desposeídos recorrían todo el país con sus familias sin hogar y trataban de ganarse la vida mediante trabajos ocasionales o robando.

Moro, en su retrato del estado ideal, describe estas condiciones desastrosas en Inglaterra y las contrapone a su descripción de Utopía, el estado insular e ideal que propone construir. Karl Marx citó este pasaje de *Utopía* en su obra principal: "El capitalismo aprovechó la ocasión para mostrar la inhumanidad de las condiciones de vida del trabajador asalariado en Inglaterra."

Leyes contra vagabundos

Si un vagabundo no tenía trabajo, podía azotársele. Si la vagancia persistía, podía incluso condenársele a muerte. Ellos fueron marcados, como el ganado, para poder ser asignados a sus dueños. También se les podían quitar a sus hijos. Incluso se permitía, para evitar su huida, encadenarlos y ponerles aros de hierro en el cuello.

Juana Seymour (6.9)

El tercer matrimonio de Enrique VIII con ella parecía ahora traer, después de todas las turbulencias, el resultado final que tanto había buscado el rey y tanto le había marcado. Juana dio a luz a un niño sano. El 12 de octubre de 1537, después de 30 años de reinado y tres esposas, sucedió este anhelado evento en el Hampton Court Palace. Todo el reino vitoreaba. Un poeta escribió incluso: "No hay menos alegría por el nacimiento de nuestro príncipe que por el nacimiento de Juan el Bautista".

Hogueras

Se cantó el *Te Deum* en todas las iglesias parroquiales. Se distribuyó vino y cerveza gratis a la población y, además, se encendieron hogueras. Los guardias de la Tower, entusiasmados, dispararon 2.000 balas de cañón. Las campanas de la iglesia repicaron hasta las 10 de la noche. María, hermana mayor de 21 años e hija del primer matrimonio, era la madrina del príncipe; e Isabel, con 4 años y fruto del segundo matrimonio, llevó el aceite en la procesión, aceite que luego fue usado por el rey para ungir al recién nacido.

Sin embargo, su madre, Juana Seymour, no se recuperó del difícil parto de tres días y murió pocos días después. La causa de ello fue, tal vez, fiebre puerperal. Así, la gran alegría del rey estuvo acompañada de un profundo dolor, pues perdió a su amada esposa en el nacimiento del heredero al trono.

El cuarto matrimonio

El destino de sus tres esposas, y en especial el de Ana Bolena, hizo que el rey no fuera, precisamente, el partido más deseado. Las dinastías reales católicas estaban, desde un principio, descartadas. La hija del rey danés, que alcanzó a ser considerada, dijo: "Si tuviera dos cabezas, lo consideraría. Pero como solo tengo una, no me arriesgo". Por eso la gente se alegró cuando, tiempo después, pudo encontrarse a una luterana temerosa de Dios en el Bajo Rin, una joven noble de 24 años que se atrevía a casarse con el "Rey Barba Azul".

Holbein

Recibió el encargo de pintar un cuadro de esta joven mujer. Se subió al barco, bajó por el Támesis, cruzó el canal y desde Rotterdam subió por el Rin hasta Cléveris, donde vivía Ana. Ella había nacido en Düsseldorf. Sin embargo, no estaba preparada para un matrimonio de este nivel. No podía hablar ningún idioma extranjero, ni siquiera latín, que era tan frecuente entonces, y mucho menos inglés. Cuando los dos novios se sentaron por primera vez, uno al lado del otro, lo único que ella pudo hacer fue sonreír, avergonzada. Aparte de "no thanks" y "yes please", nadie le había enseñado nada. A Enrique le quedó claro, inmediatamente, que ella no era una reina para él.

Arte y realidad

El hermoso cuadro que Holbein pintó de la joven Ana había complacido mucho a Enrique, tanto así que él incluso firmó el contrato de matrimonio antes de ver a su novia. Pero, ahora, Enrique habría preferido no casarse.

Boda en Greenwich

Pero el hecho de enviar a Ana de regreso a su casa, así sin más, habría sido una afrenta contra ella. Y ella, en realidad, no se lo merecía, y su familia tampoco. Entonces, a pesar de todo, hubo que celebrar la boda. Ahora bien, con el fin de que Ana estuviera protegida legalmente, durante toda la boda se siguió un juego que tenía, como fin, facilitar un divorcio posterior. Ella declaró, poco después de la boda, que el matrimonio nunca había sido consumado, facilitando así una posterior separación. Y, por este motivo, Enrique la recompensó con generosidad: su renta era tan alta que, en el primer acto oficial del hijo del rey al llegar al trono (es decir, del tutor de él, pues el hijo solo tenía 8 años) se decidió reducir sus ingresos a la mitad.

Ana, una alegre renana, manejó muy bien su situación como reina separada. Iba al castillo con frecuencia e incluso se hizo amiga de Catalina Parr, la sexta esposa de Enrique. El rey la llamó "mi mejor amiga".

Catalina Howard

El rey, incluso antes de formalizar la separación con Ana de Cléveris, ya estaba cautivado por Catalina Howard, una doncella de 16 años. Ella disfrutaba de la vida y en su juventud había tenido aventuras con su profesor de música y con su instructor de equitación. Y ahora, también con el rey, que la llevó al castillo cuando Ana aún vivía allí.

Ceremonia de la corte

La joven Catalina, extremadamente simpática, lastimosamente no entendía que ahora, siendo reina, no podría oír los gemidos de cada uno de sus amantes. No pasó mucho tiempo antes de que ella también fuera condenada por adulterio y de que el rey ordenara su decapitación.

Galería

Cuando los verdugos del Hampton Court Palace quisieron recogerla en la Tower, donde iba a ser ejecutada, logró escapar antes y entrar en la capilla del castillo, donde el rey rezaba Allí le imploró piedad al rey. Pero el rey ni siquiera interrumpió sus oraciones. Poco después, fue alcanzada en la capilla por sus ejecutores. La galería de la capilla es considerada un pasillo fantasma. Por allí no solo vaga el espíritu de Catalina Howard, sino también el de Sybil, la institutriz del hijo del rey. Ocasionalmente, el fantasma de Ana Bolena también ha sido visto allí. Inglaterra es rica en castillos fantasmales. Pero ahora el Hampton Court Palace, con sus tres fantasmas, puede esperar un poco.

Muero como una reina

Sus últimas palabras antes de la ejecución fueron: "Muero como una reina. Habría preferido seguir viviendo como la señora Culpeper". Ese era su apellido de soltera.

Catalina Parr

Ella fue la última de las seis esposas y, además, sobrevivió a Enrique VIII. Esta mujer, inglesa, tuvo una gran influencia educativa en el pequeño príncipe, que tenía 6 años en el momento de la boda. Incluso lo reunió con sus dos hermanastras, María e Isabel, a quienes el rey había excluido del trono y declarado ilegítimas. El pequeño príncipe aprendió a leer, a escribir y a sumar. Sus hermanas le dieron algunas clases. El 28 de enero de 1547, al morir su padre, se convirtió en Eduardo VI, rey de Inglaterra e Irlanda, con solo 9 años.

Cuatro matrimonios

Catalina Parr ya había tenido dos matrimonios antes de casarse con Enrique. Medio año después de la muerte de Enrique, su tercer esposo, se casó en secreto por cuarta vez. La población no debía saber que se había vuelto a casar medio año después de la muerte de su marido. La rectitud y decencia así lo requerían. Ella, con sus cuatro matrimonios, es la reina de Inglaterra que más veces se ha casado.

Tensiones entre católicos y protestantes

Las tensiones entre católicos y protestantes continuaron en Inglaterra durante el reinado de Enrique VIII y se mantuvieron después de su temprana muerte a la edad de 56 años, cuando su único hijo de 8 años, Eduardo VI, se convirtió en rey. Se le otorgó un tutor, Edward Seymour, hermano de la madre. Ahora bien, a los ojos de su hermano Thomas, protestante, él era demasiado tolerante con los católicos. Fue entonces cuando quiso derrocar a su propio hermano mediante una conspiración. Cuando este complot salió a la luz, Edward hizo ejecutar a su propio hermano, Thomas, por el delito de alta traición. Estos acontecimientos, sin embargo, afectaron mucho su imagen y hubo varios levantamientos populares a lo largo del país. Edward, ante los ojos de la opinión pública, no estaba a la altura de su cargo como tutor del rey y, en consecuencia, John Dudley lo reemplazó.

Muerte a los 15 años

Una enfermedad, probablemente tuberculosis, provocó la muerte prematura del joven monarca. Dudley nombró entonces a su propia sobrina, Juana Grey, como heredera al trono. De esta manera quería evitar que el trono recayera en la hija del primer matrimonio del rey, María, que era católica. Ella tenía derecho al trono, pues era la nieta de la hermana menor de Enrique VIII; fue proclamada oficialmente reina y gobernó durante 9 días. Pero los católicos la derrocaron y proclamaron a María como la nueva reina. El destino de Juana, la reina de los 9 días, terminó con una decapitación en la Tower.

Bloody Mary

María, católica, quería que Inglaterra volviera a ser católica. Las ejecuciones de 300 protestantes le valieron el título de Bloody Mary, "María la sangrienta".
Hoy conocemos al Bloody Mary únicamente como un cóctel.
Su reinado duró solo 5 años, pues murió a los 42 años. Podrían contarse muchas cosas interesantes, muchísimas, sobre ella. Solamente vivió en el Hampton Court Palace cuando era niña. Y luego, de reina, vivió en el Palacio de St. James.

Felipe II

Como ahora María era reina (la misma María que había sido desheredada cuando su madre se separó de Enrique VIII), Carlos V recordó que había hecho un pacto para casar a María con su primogénito, Felipe, 11 años menor que ella. Y así fue, se casaron. Felipe II fue a Inglaterra un año después de su coronación y los dos se casaron en la catedral de Winchester.

Embarazos psicológicos

Poco después del matrimonio, María quedó embarazada. Pero nunca parió. Luego le siguió un segundo embarazo psicológico, muy dramático. María nunca tuvo hijos.
Por este motivo, Isabel, la hija del segundo matrimonio de Enrique VIII, le sucedió en el trono. Esto significó, además, una victoria definitiva de la iglesia anglicana contra Roma.

Falta de hijos

Como Isabel tampoco tuvo hijos, la corona inglesa fue otorgada a Jacobo I, rey de Escocia e hijo de su mayor adversaria, María Estuardo. Y, por ello, Inglaterra y Escocia se unieron por primera vez.

Carlos Estuardo

El hijo de Jacobo I casó a su hija Isabel con Federico V del Palatinado, el "Rey de un Invierno". Formó una alianza con los protestantes en Alemania. La oposición entre católicos y protestantes conllevó, en 1618, a la tercera defenestración de Praga y al inicio de la Guerra de los Treinta Años. Simultáneamente comenzó la dictadura de Cromwell en Inglaterra, quien capturó a Carlos Estuardo en 1649. Los agentes de Cromwell querían capturarlo en el Hampton Court Palace, pero él se las arregló para escapar por los jardines. Nadó a través del Támesis, pero fue arrestado en una de las Islas del Canal. Fue ejecutado frente a la Banqueting House en Londres en 1649, un año después del final de la Guerra de los Treinta Años.

Una época bañada en sangre

Esta ejecución, que marcó un fin temporal de la monarquía inglesa, fue seguida por la dictadura de Cromwell. Este es un momento particularmente sangriento para la Irlanda católica. Pero, de todas maneras, no tan devastador como la Guerra de los Treinta Años en Europa Central.

Fin de la visita guiada

Y así Miroslav, con estas amplias explicaciones, puso fin a la visita guiada.

En el Mercedes (6.10)

Después de la visita guiada, Miroslav nos llevó a su casa en su Mercedes, donde nos encontraríamos con su esposa Mila. Yo había notado que era muy normal ver coches alemanes aparcados en Inglaterra, especialmente frente a casas palaciegas ricas: BMW, Audi, Volkswagen. Esto me sorprendió, pues Inglaterra, país del Rolls Royce y del Jaguar, se encuentra en la cima de la industria automovilística. Pero el "Made in Germany" convence a muchos ingleses, si bien este rótulo de "Hecho en Alemania" se inventó realmente para discriminar. En un principio, los ingleses no debían comprar productos provenientes de Alemania. Pero, por el contrario, "Made in Germany" se convirtió en una marca registrada.

Elogio

Elogié a Miroslav por la visita guiada que nos dio en castillo, pues me pareció muy animada y grata. También le dije que incluiría sus historias en mi libro *Decamerón londinense*. Cuando oyó esto, dijo lo siguiente: si lo hubiera sabido, también habría hablado del gran amor que Enrique VIII sintió por Margarita de Navarra. Él le propuso matrimonio, pero ella lo rechazó. Margarita era la hermana del rey francés Francisco I y también escribió un *Decamerón*.

Heptamerón

Ella quería, al igual que Boccaccio, escribir una historia que abarcara 10 días. Sin embargo, a diferencia de la obra del italiano, las historias de ella no eran ficticias, sino que representaban episodios reales de personajes famosos de su tiempo. No obstante, solo llegó hasta el séptimo día. Por lo tanto, tomo el número 7 en griego, *heptá*, y llamó a su obra *Heptamerón*. Margarita de Navarra era una mujer increíblemente inteligente, hablaba 7 idiomas. Y también tenía una belleza extraordinaria.

Intercesión por el hermano

Francisco I había roto su palabra después de la batalla de Pavía (en la que fue derrotado por Carlos V) pues, si bien el emperador le había concedido la libertad, Francisco I había decidido, a pesar de todo, volver a reunir tropas para la guerra. Volvió a enviar sus ejércitos al norte de Italia, y volvió a fracasar; por ello, Carlos V lo llevó a Madrid después de la segunda derrota y allí lo mantuvo cautivo durante más de un año. Margarita viajó hasta allí y pidió misericordia para su hermano: si bien Francisco I había vuelto a romper su palabra, Carlos V debería volver a mostrar su misericordia. Margarita impresionó tanto al rey que este, también, le propuso matrimonio. Pero, al igual que Enrique, también fue rechazado. Ella se casó con un noble francés que tenía posesiones en Navarra. Su residencia estaba en Pau, en los Pirineos, no lejos de Lourdes. Ella se convirtió luego en la madre del rey francés más querido: Enrique IV.

Enrique IV

Querido Miroslav, ahora debo interrumpirte y hacer una pequeña corrección: Margarita no era la madre de Enrique IV, sino su abuela. Como ella tenía una amplia curiosidad y era muy cosmopolita, su corte no solo convocó a grandes poetas (como Rabelais, que creó personajes inmortales como Gargantúa y Pantagruel), sino también a Calvino (que desempeñó un papel muy importante para el protestantismo en Francia). Su corte se convirtió en el epicentro de esta nueva confesión religiosa y su nieto, Enrique IV, se convirtió en el líder de los protestantes en Francia. Y así, su boda en París sería una reconciliación entre el catolicismo y los hugonotes.

Matanza de San Bartolomé

Esta boda tuvo como resultado la masacre de varios miles de hugonotes. Todos los hugonotes de renombre y de alto rango se reunieron en París para esta boda. El plan de asesinato para esa noche ya había sido negociado anteriormente y, además, también había sido implantado en las provincias de otras regiones de Francia. Sin embargo, el hecho de que Enrique IV fuera, a pesar de todo, coronado como rey de Francia (bajo la condición, eso sí, de convertirse al catolicismo) resultó siendo crucial para la historia de Francia, pues la protegió de las guerras religiosas. Situación muy diferente a la de, por ejemplo, Alemania, que resultó arruinada por la Guerra de los Treinta Años.

"Paris vaut bien une messe"

Este dicho es bien conocido. Y dice: "París bien vale una misa". O mejor dicho que, para ganarse a París, bien puede oírse una misa católica. Así es como el rey justificó su traición a la fe. También se conocen otros dichos suyos como, por ejemplo, "Le coq au pot" (el pollo en la olla), en el que prometía a cada persona del común un pollo en la sopa del domingo. También era muy mujeriego, lo que en francés se conoce como "vert galant". El parque más pequeño de París, ubicado en la isla entre los dos brazos del Sena, permanecía abierto durante las noches en honor de él. Los estudiantes hambrientos de amor, a quienes se les prohibía acompañar a sus chicas en sus habitaciones a esas horas, se reunían allí noche tras noche. Y cuando había llovido mucho y la hierba bajo los arbustos estaba mojada, cuatro o cinco parejas de amantes tenían que compartir un banco.

Edicto de Nantes

Su Edicto de Nantes (que solo fue levantado por Luis XIV) fue muy beneficioso y, además, aseguró la paz religiosa entre protestantes y católicos en Francia. Esto le ahorró a Francia la participación el a Guerra de los Treinta Años, la cual arruinó al "imperio de la nación alemana".

Política matrimonial

Miroslav hizo un comentario adicional, muy divertido, sobre la política matrimonial de la época. Llama bastante la atención, dijo, que Enrique le proponga matrimonio a la hermana del rey francés, pero que no dude en invadir Francia para conquistar territorios mientras el rey francés lucha en la batalla de Pavía.

Delfín

Él ya había tomado medidas unos años antes para que su hija María se casara con el Delfín, el heredero francés al trono. Este acuerdo seguía siendo válido, incluso después de que él invadiera Francia con su ejército. De las posesiones de Inglaterra en Francia, la gran Normandía, solo quedó la cabecera de puente en Calais. Y precisamente desde allí es que él quería conquistar un punto estratégico: Terenburg, una fortaleza militar de gran importancia, ubicada en el punto más estrecho del canal. También era una importante sede episcopal, con la catedral más grande de Francia. En un principio, Terenburg fue arrancada del emperador alemán por los franceses, formando así un enclave. Y ahora lleva el nombre de Thérouanne. Fue destruida totalmente por Carlos V, lo que la hace muy interesante en la actualidad para excavaciones arqueológicas.

Rey de Escocia

Cuando el rey de Escocia se enteró de que Enrique estaba vinculado a Francia y de que su esposa, Catalina, era la única encargada de los asuntos de estado, aprovechó la oportunidad para invadir Inglaterra. Francisco I vio que esta circunstancia le era beneficiosa y desistió de sus planes de casamiento con María para el Delfín, y arregló un matrimonio para él con la princesa escocesa, María Estuardo. Luego ella se casó con él. Sin embargo, este matrimonio no duró mucho y, por eso, el rey de Escocia no tuvo mucha suerte en su campaña contra Catalina.

Catalina, jefe militar

Catalina logró algo casi imposible: una mujer, muy lejos de ser una ama de casa sumisa, venció al rey de Escocia. Enrique VIII, al partir, le había concedido todo el poder a ella. El escocés aprovechó la ausencia de Enrique VIII e invadió Inglaterra con una fuerza de 60.000 hombres. En la Batalla de Flodden Field murieron 30.000 de sus soldados; el resto de los soldados fueron divididos y, además, el mismo rey, Jacobo IV, murió en esta batalla. Catalina envió su túnica manchada de sangre a su marido en Francia como prueba de la victoria.
Todas estas constelaciones, bastante confusas, nos llevan a sospechar que la historia podría haber sido muy diferente.

Llegada a la casa de Mila (6.11)

Casas adosadas

Miroslav y su esposa tenían una típica casa adosada. Las casas adosadas hacían parte de un complejo de más de 20 casas seguidas, pero cada una con su propia entrada y un pequeño jardín delantero. Este hecho permite a los ingleses mantener precios favorables para las viviendas, lo que permite a casi todas las parejas jóvenes comprarse una casa. Inglaterra cuenta con el porcentaje más alto de propietarios de viviendas en todo el mundo.

En la casa de Mila

Ella nos estaba esperando: la mesa estaba dispuesta de una manera muy atractiva. Sabía que un amigo alemán vendría de visita. Su abuela era vienesa y, además, Mila estaba orgullosa de hablar muy bien alemán. Empezamos a conversar rápidamente. Y, por supuesto, las relaciones germano-polacas se convirtieron en un tema principal.

Platos polacos

Mila quería servir platos típicos polacos. Esto no fue nada difícil, ya que hay muchas tiendas de comestibles polacos en Inglaterra desde que Polonia se unió a la UE. Ahora, con el Brexit, existe una gran incertidumbre, pues todavía no está claro si los polacos podrán permanecer allí.

Bigos

Ella pensó inicialmente en hacer gołąbki, "pichón", una especie de repollo relleno, pero se decidió por el plato nacional: bigos. Se trata de un guiso de chucrut, col, varios tipos de carne, setas, zanahorias...

Entrantes

Ahora bien, antes de comenzar hubo un entrante: salchicha de Cracovia, adornada con pepinillos polacos particularmente sazonados. Borsch, una sopa de remolacha, y pierogis, empanadas rellenas de requesón.

Extranjerismos

Mila estaba convencida de que los polacos podían hacer los mejores platos de pepino y, además, sabía que los alemanes usaban una palabra polaca ("gurke") para designar el pepino.

Quark

La palabra "quark" ("requesón") también proviene del polaco. Los numerosos platos que los polacos pueden producir a partir del requesón convencieron a los alemanes para imitarlos. Y no solo tomaron sus recetas, sino también la palabra "quark". Mila también lo sabía.

Dolmetscher (intérprete)

En la mezcla de pueblos de Polonia, Hungría e incluso Turquía, se necesitaba a alguien que tradujera y comprendiera esta mezcla de idiomas. Esta palabra, originaria del húngaro "tolmács", pasó al alemán como "Dolmetscher", al polaco como "tłumacz" y al turco como "dilmaç".

Kretschmer

"Kretschmer" quiere decir posadero en polaco. Los alemanes no han adoptado este término, pero el nombre sí persiste en muchos apellidos alemanes.

Modales en la mesa

En la mesa, mientras se come, no se debe conversar. Pero Mila era una gran conversadora, tanto así que el almuerzo se nos pasó muy rápido, y además estuvo entretenido.

Postre

Después del postre, Mila pasó a hablar sobre Cracovia, su ciudad natal, que adoraba. Esta ciudad es, para ella, la más bella de Polonia.

Suerte

Fue la única ciudad polaca que no fue destruida en la Segunda Guerra Mundial. Después de la caída de Gdansk, esta ciudad fue entregada a los alemanes, sin luchas ni disparos. En los últimos días de la guerra, cuando el Ejército Rojo se aproximaba, el Gobernador General Frank evacuó a las tropas alemanas de la ciudad, permitiendo así que esta ciudad histórica y única no fuera arruinada por los combates.

El año 999

Para Mila, el año 999 después de Cristo marca un hito en la historia. En ese año se menciona, por primera vez, la existencia de los "polanen", quienes habitaban la región del río Vístula.

Prehistoria

Cuenta la leyenda que, hace mucho, el príncipe Krakus fundó la ciudad en la colina de Wawel, precisamente sobre la cueva del dragón que él mismo mató. Él es, por así decirlo, el Sigurd polaco.

Casimiro I

Bajo su mando, Cracovia llegó a ser la capital después de que los checos destruyeran Gniezno. Varsovia solo llegó a ser la capital a partir del siglo XVI. Cracovia alcanzó su apogeo durante el reinado de Casimiro el Restaurador. Durante esa época, muchos alemanes y judíos llegaron a la ciudad. Cracovia se unió a la Liga Hanseática y formó parte del Derecho de Magdeburgo.

La boda de Landshut

Los fuertes lazos familiares con las casas principescas alemanas condujeron, en varias ocasiones, a matrimonios con la Casa de Habsburgo y la de Wittelsbach. Isabel de Habsburgo, esposa de Casimiro IV, fue incluso nombrada la madre de los Jagellón. El duque de Baviera, Jorge el Rico, trajo a la princesa Eduviges Jagellón (Jadwiga) a Baviera y se casó con ella. La boda de Landshut se celebra hoy cada cuatro años.

Veit Stoss

Por ese entonces, el escultor de Núremberg Veit Stoss también visitó Cracovia. Recibió como encargo diseñar el altar mayor de la Iglesia de Santa María. Este altar era tan rico y magnífico que ni siquiera una ciudad como Núremberg podría haberlo pagado. El artista se convirtió en un hombre rico en Cracovia. Gracias a sus incomparables habilidades como artista de la madera y la piedra, también pudo realizar la tumba de Casimiro IV.

Universidad Jaguelónica

Copérnico estudió con muchos académicos de habla alemana en esta universidad de Cracovia. Esta es, después de la Universidad Carolina de Praga, la más antigua de Europa central. Copérnico estudió allí matemáticas y astronomía. Ahora bien, él nació en Toruń en 1473, una ciudad prusiana muy antigua, hoy polaca, fundada por la Orden Teutónica en 1231.

Cooperación fructífera

Hay muchísimos nombres de alemanes que han contribuido al apogeo de Cracovia: famosos impresores de libros, forjadores de campanas y pintores. De ello se concluye que la coexistencia de polacos y alemanes puede ser muy fructífera para ambos.

Chopin

También vale recordar que Chopin mantuvo una amistad durante toda su vida con Josef Elsner, su profesor de música. Él introdujo al pequeño Frédéric en el arte de la composición y, además, le introdujo en el piano de Bach y en la riqueza musical de Mozart. Esta amistad también se mantuvo incluso posteriormente, cuando Frédéric vivió en París.

Shibboleth

Lastimosamente, también empezaron a surgir disputas entre ambos grupos; algunas de ellas fueron incluso chauvinistas. Durante un conflicto entre ciudadanos alemanes y un duque polaco, este último hizo desterrar a los alemanes de la ciudad y, además, hizo ejecutar a muchos. Se consideró como alemán a cualquiera que pronunciara "kolo", "miele" o "mlyn" con acento alemán. A menudo hay diferencias mínimas en la pronunciación que solamente una persona local nota. Los habitantes de Cracovia hablaban alemán, polaco y yidis. Incluso los niños resultaban trilingües, pues cada grupo poblacional equivalía aproximadamente a un tercio. Pero los niños alemanes decían la "L" como sus madres, y los niños polacos como las suyas, con una "L" velar. Por este motivo, los polacos añaden una línea sobre la "L".

Mientras Mila nos explicaba todo esto caí en cuenta de que los alemanes al sur de la línea Colonia-Berlín pronuncian con fuerza la "S" al inicio de las palabras. Esto se debe a sus estrechos lazos con los romanos. Los italianos y los franceses marcan de igual manera la "S" al inicio de las palabras. Ahora bien, al norte de esta línea, se ha mantenido la manera teutona de pronunciar la "S" al inicio de las palabras. Cuando alguien dice "sonne", "soleil" o "sole" puede reconocerse inmediatamente si esta persona nació al norte o al sur de esta línea. No obstante, hoy en día esta división se ha desdibujado un poco.

Alto alemán y bajo alemán

Esta línea Colonia-Berlín tiene como resultado que el área de habla alemana sea, realmente, un área bilingüe. En la parte norte, en las tierras bajas, se habla en bajo alemán: Plattdeutsch. Allí no se dio el cambio fonético que sí se observó en el alto alemán. Este se debió a la proximidad de las tribus germánicas con los romanos. Los hermanos Grimm establecieron leyes para explicar estos cambios. Por ello se habla en Inglaterra de la "Grimms' Law".

Lenguaje escrito

Gracias a la traducción que Lutero realizó de la Biblia a la lengua oficial de la Alta Sajonia (la cual era muy similar, por cierto, a la hablada por el emperador en Viena), el alto alemán resultó imponiéndose como lengua escrita y, en consecuencia, también como lengua hablada en el norte. El alto alemán y el bajo alemán solo son vistos, ahora, como dialectos.

Esparta y Atenas

Las diferencias en la pronunciación siempre han llevado a bromas y a ridiculizaciones. Los atenienses, por ejemplo, se burlaban de cómo sus rivales espartanos pronunciaban la "S", ya sea de forma fuerte, aguda o sonora. Y, al burlarse, remedaban el dialecto espartano recitando pasajes poéticos. Por ello, se pasó de

"Mondbeglänzte Meeres-Auen"[1] a
"Mondbeglänzte Meeres-Sauen"[2]

Rasgo distintivo

Las peculiaridades lingüísticas son, a menudo, un rasgo distintivo. Un espía alemán que dominaba la lengua francesa a la perfección y carecía absolutamente de acento, tanto así que sus interrogadores no podían determinar si él era en realidad francés o alemán, resultó delatándose como alemán a causa de su uso del idioma. Inesperadamente, uno de los interrogadores le clavó un objeto punzante en el trasero. Y él gritó "aua". Si hubiera sido francés, habría gritado "aie". Y el espía, obviamente, estaba al tanto de ello. Pero la sorpresa, el ataque del interrogador, hizo que sus reflejos se impusieran.

Galaad

La palabra "shibboleth" proviene, de hecho, del Antiguo Testamento (Jueces 12:5-6). Significa que el origen de una persona se manifiesta, incluso hasta en lo más mínimo, en su manera de hablar y pronunciar. (El profesor Higgins del musical *My Fair Lady*, por ejemplo, puede reconocer de qué distrito de Londres viene una persona con solo oírla.) Durante la batalla de Galaad, algunos fugitivos fueron obligados a pronunciar la

---

[1] Praderas marinas que brillan como la luna.
[2] Cerdas del mar que brillan como la luna.

palabra "shibboleth". Este simple hecho, la pronunciación de una palabra, permitía reconocer si eran de la ciudad o de sus alrededores. Si ellos no pronunciaban la palabra como lo hacían los judíos, eran ejecutados.

"Kirsche" y "Kirche"

Para los franceses es muy difícil diferenciar entre estas dos palabras y, por eso, deben primero aprender a diferenciar los sonidos. Eso sí, la "H" aspirada no solo es difícil para los franceses. Los alemanes del sur distinguen entre "ei" y "ai", como en "leib" (cuerpo) y "laib" (pan), pero los del norte no pueden hacer esta diferencia. Ellos tampoco hacen diferencia entre "ou" y "au". Para referirse a la "col roja" dicen "rotkohl", en vez de "blaukraut", como en otros lugares.

Amateurs

Después de estas divagaciones sobre finezas lingüísticas y pronunciaciones de vocales y consonantes, Mila llevó la conversación a su tema favorito: la danza, el teatro y la opereta. Ella, desde muy joven, participó en grupos de amateurs.

El estudiante mendigo

El punto más alto de su "carrera" en este grupo amateur fue el montaje que realizaron de *El estudiante mendigo* de Millöcker. El argumento de esta opereta sucede, como todo el mundo sabe, en Cracovia, y su tema es un elogio a la belleza de la mujer polaca.
El tenor empieza cantando: "Ich knüpfte manche zarten Bande"[3], y luego continúa:
"studierte die Pariserin,

---

[3] Hice algunos lazos delicados.

die schönsten Frauen im Sachsenlande
in Deutschland, Ungarn und in Wien"[4]
Incluso, con el fin de mantener la rima, elogió la belleza de la mujer criolla.
"Doch all die Schönheit schnell verbleicht,
wenn man dagegen hält die Polin,
der Polin Reiz bleibt unerreicht".[5]

Elogio

Mila citó estos versos sin ninguna falsa modestia pues, de hecho, era una mujer muy bonita. Yo tuve que elogiar esta belleza, simplemente, sin fingir.

Augusto el Fuerte

Mencionar a las hermosas mujeres de Sajonia llevó a Mila a mencionar que Augusto II el Fuerte, el Gran Duque de Sajonia, también fue rey de Polonia. En el "Grünes Gewölbe" (Bóveda Verde) de Dresde todavía se puede apreciar, al día de hoy, las riquezas que él acumuló.

Divagando

Y de este tema pasamos a otro: primero hablamos del imperio polaco-lituano, al que pertenecía casi toda Ucrania, contando a Crimea, y luego pasamos al opresivo tema de Auschwitz. El campo de concentración de Auschwitz está a menos de una hora en automóvil de Cracovia.

---

[4] Yo he estudiado a las parisinas,
a las mujeres más bellas de Sajonia
en Alemania, Hungría y Viena.
[5] Pero toda la belleza se desvanece rápidamente,
si se la compara a la de la polaca,
el encanto de la polaca sigue siendo inigualable.

La lista de Schindler

La fábrica de Schindler también estaba en Cracovia. Él logró salvar a miles de judíos de la deportación alegando que sus talentos eran indispensables para los productos bélicos que se fabricaban en su empresa.

Michel Friedman

Él es conocido por sus programas de entrevistas en la televisión alemana. Sus padres y a su abuela se salvaron de ser enviados a Auschwitz gracias a la ayuda de Schindler y, acabada la guerra, emigraron a Francia. La razón para irse de Polonia fue un capítulo ignominioso de los disturbios antisemitas, el cual llevó a la muerte de seis judíos. Esta masacre, perpetrada por los polacos después de que Auschwitz hubiera sido liberada y de que los alemanes se hubieran ido de Cracovia, sigue causando dificultades en las relaciones entre Israel y Polonia. Michel nació en París en 1956. Más tarde eligió Alemania como lugar de residencia.

Roman Polanski

Él también sobrevivió a la guerra en Cracovia. Roman, al igual que su padre y otros parientes, pudo esconderse con familias polacas. Él emigro de Cracovia a causa de esta masacre una vez acabada la guerra; primero a Inglaterra y luego a los Estados Unidos. Su película más famosa es *El baile de los vampiros*.

Relaciones entre Alemania y Polonia

Mila, durante su conversación, fue casi la única en hablar. Miroslav, después de sus excursos sobre Enrique VIII y sus esposas, parecía haberse cansado. Por este motivo, preferí preguntarle a ella sobre su opinión acerca de las relaciones entre Alemania y Polonia, a lo que ella contestó: "Todavía no se ha hecho una verdadera revisión histórica del pasado. No se vislumbra una reconciliación en el camino, acá no se habla de amistad". Solo pude estar de acuerdo con ella y lamento esta situación tanto como ella.

Viaje a Silesia

Una vez estuve en Silesia con un grupo de alemanes que habían sido expulsados previamente de esta región. Algunos habían sido expulsados durante su niñez y otros eran hijos de refugiados.

Hogar

Ellos se conmovieron cuando llegamos a sus ciudades o pueblos, pues allí todavía podían verse edificaciones que habían sido de sus padres o abuelos. "Mira, la carnicería del tío Karl sigue ahí". "Mis padres atendían esta posada". "Aquí, en esta escuela, aprendí a leer y escribir las primeras palabras antes de que me expulsaran".

Guía turística polaca

Ella era una chica bonita, joven, muy simpática. Pero, por desgracia, no tenía nada que contar sobre los alemanes que habían vivido antes en esa región, pues no sabía nada al respecto. Tampoco sabía que Breslavia, cuyo hermoso centro fue reconstruido recientemente, también estuvo habitada por alemanes. Ella solo conocía el pasado polaco y, por ello, Breslavia era ante sus ojos una ciudad puramente polaca. En polaco lleva el nombre, todavía, de Wrocław.

Agnieszków

La casa de Gerhart Hauptmann, ubicada en este pueblo, estuvo vetada al público durante mucho tiempo. Este escritor, autor de la obra de crítica social *Die Weber* ("Los tejedores"), era muy apreciado por los comunistas y por Stalin, si bien él se había inclinado por el nacionalsocialismo. Su casa, sin embargo, permaneció intacta. Murió en la RDA y su entierro fue un acontecimiento nacional. Su tumba se encuentra en Hildensee, donde antes quedaba su residencia de verano y hoy se erige un museo en su nombre. Ahora bien, su casa se encuentra en Polonia. La guía turística no pudo explicar por qué un gran poeta alemán y ganador del Premio Nobel vivía en el centro de Polonia.

Consentimiento

Mila estuvo de acuerdo con esto. Ella también opinó que muy pocos polacos tienen la intención sincera de conocer la verdad sobre los alemanes expulsados de su territorio. La relación entre polacos y ucranianos es igualmente deshonesta. Los enfrentamientos en Leópolis (ciudad que estuvo habitada predominantemente por polacos y que, por otro lado, estaba rodeada de población ucraniana) siguen presentes en la memoria colectiva. Las zonas de población mixta siempre crean problemas si no se respetan los derechos de las minorías.

Galitzia

Por aquel entonces, el conflicto de Leópolis llegó hasta el último emperador de los Habsburgo en Viena, quien se encargó personalmente de negociar una solución pacífica. Sin embargo, esto se vio frustrado por el estallido de la Primera Guerra Mundial en 1914.

Königsberg

A las tensiones entre alemanes y polacos puede añadírsele un enfrentamiento paralelo: las tensiones entre alemanes y rusos. Durante un viaje por Prusia Oriental, tuve la oportunidad de realizar una visita de la mano de una guía turística rusa. Ella admitió, con toda franqueza, que solo llegó a conocer la verdadera historia de la ciudad de la mano de los turistas alemanes. Ella misma había nacido en Königsberg, la actual Kaliningrado, pero sus padres habían sido reubicados en esta ciudad en 1945.

Castillo de Königsberg

Los nuevos habitantes, buscando que nada recordara a la historia de la ciudad, querían hacer volar el Castillo de Königsberg y, de esta manera, borrar de un tajo un horrible objeto de prestigio fracasado. Pero demolerlo habría sido muy costoso. El cambio de nombre, similar al que se realizó con San Petersburgo, apuntó en esta dirección. Ahora bien, incluso estos pequeños cambios se pagan caros.

Königsberger Klopse

Incluso la guía turística aprendió de los visitantes la receta de Königsberger Klopse, y luego nos la transmitió. Con ella también visitamos la tumba de Kant y su monumento en la catedral (el cual sí fue conservado, a diferencia de la catedral, que fue destruida). La guía turística, como despedida, nos leyó un poema de la poeta Agnes Miegel sobre Königsberg, su ciudad natal. ¡Muy conmovedor! Y qué diferencia con Polonia.

Testigos presenciales

También debo mencionar un ejemplo adicional al respecto. Una conocida nuestra llegó a nuestra ciudad como refugiada, acompañada de su madre. Ella provenía de Bydgoszcz, una ciudad polaca habitada por muchos alemanes. Había llegado a ir al colegio en esta ciudad. Estaba prohibido hablar alemán, incluso en el colegio. Ahora bien, cuando regresaba caminando del colegio con una compañera alemana, las dos conversaban, como era de suponerse, en alemán. Un polaco, que pasaba con su carro de caballos, alcanzó a oír que las dos niñas charlaban en alemán. Él se acercó a ellas y, usando su látigo, fustigó a las dos niñas de 8 años. Así era como la minoría alemana era tratada por un polaco, incluso antes de que estallara la guerra.

Muerte del padre

Esta misma conocida tuvo que experimentar, siendo todavía una niña, cómo su padre fue asesinado a golpes por los polacos en el patio de su casa, simplemente por el hecho de ser alemán. Estos delitos también deben mencionarse en la reconciliación entre los pueblos.

Katowice

La rica zona industrial de Alta Silesia, por votación popular, se inclinó por Alemania en 1918. Sin embargo, el gobierno polaco desconoció este hecho y simplemente invadió este terreno con su ejército y lo incorporó al territorio polaco. Los alemanes no pudieron defenderse, pues en aquel momento tenían prohibido tener un ejército. La hulla extraída en Alta Silesia es de mayor calidad que el carbón extraído en la Cuenca del Ruhr y, además, puede ser extraída a cielo abierto. Este robo fue aprobado, posteriormente, por los Aliados. De todas maneras, insisto, estos hechos deben ser discutidos abiertamente. Las mentiras, las distorsiones y la falsificación de la historia no pueden utilizarse para construir una coexistencia próspera entre las naciones.

Despedida

Nuestra conversación fue larga y muy animada y, al despedirnos, ya era bien tarde. A la salida de la casa de nuestros anfitriones tomamos un taxi en dirección al restaurante Mari Vanna. Allí iba a realizarse, esta misma noche, un encuentro de los "paneslavistas", un grupo de conversación de personas de Europa Oriental. Miroslav y Mila solían ir a estos encuentros, pero esta noche tenían otros planes.

De camino en el taxi (6.12)

El camino de Hampton Court a Mari Vanna, que toma por el Knights Brigde hacia Westminster es particularmente largo. Mucho más largo si se tiene en cuenta que el tráfico y los atascos forman ya parte de la vida cotidiana de Londres. Houston aprovechó este periodo de espera en el taxi para explicarme lo que nos esperaba esta noche.

Paneslavistas

Las personas que se reúnen hoy, me dijo, se hacen llamar "paneslavistas". Este nombre suena bastante provocativo, pero ellos solo lo usan de manera irónica y humorística. Lo único que quieren dar a entender es que todos los eslavos están invitados, incluidos los eslavos occidentales de Polonia y los eslavos del sur de los Balcanes. Se trata de un grupo de discusión sin conexión entre sí, con una base completamente privada. Uno no tiene que pagar una contribución, ni tampoco se espera que asista siempre. Un núcleo duro, sin embargo, suele ir una vez al mes y, por lo general, también decide el tema de conversación.

Pangermanismo

El pangermanismo es un término comparable. Sin embargo, es más provocativo que el término de paneslavismo. Este término alude al sueño de un Gran Imperio Alemán en el que todas las personas de lengua alemana estén unidas; no solo los austríacos y la Suiza de habla alemana, sino también los dialectos del bajo alemán, el flamenco en Bélgica y el holandés en los Países Bajos.

Paulskirche

El Parlamento de Fráncfort, en 1848, discutió sobre la posibilidad de una "gran Alemania". Sin embargo, como el emperador de Viena no quería renunciar a su estado multiétnico en la monarquía del Danubio, se optó entonces por una "pequeña Alemania". Esta tendría una nueva capital en Berlín, donde el rey de la dinastía Hohenzollern residía como segundo emperador. El emperador de los Habsburgo en Viena también hablaba alemán, pero en su imperio se hablaban muchos más idiomas que el alemán, cada uno de ellos con sus centros culturales y sus brillantes capitales: Budapest para Hungría, Praga para Bohemia, Bratislava para Moravia, Marburgo para Eslovenia, Liubliana para Croacia, etc.

Términos negativos

Ambos términos, paneslavismo y pangermanismo, también han sido usados como términos de combate y guerra. En estos casos, el objetivo criminal final es unificarse para buscar la dominación mundial. Ahora bien, en nuestra discusión sabatina no iba a conversarse sobre estos términos.

Fundación del círculo

El círculo de conversación que se reúne en el Mari Vanna tiene ahora casi 100 años. Los primeros en reunirse allí fueron emigrantes rusos que había huido de los bolcheviques en 1918; habían salvado su vida huyendo a París y luego, algunos de ellos, se trasladaron a Londres. Algunos eran indigentes, pues lo habían perdido todo en la Revolución. A causa de ello se veían obligados a vivir en los barracones más baratos de Londres. Pero ahora, en Londres, no querían apartarse de la vida majestuosa que alguna vez tuvieron en San Petersburgo. Por eso el Mari Vanna, decorado con nostalgia en un estilo zarista, les permitía sentirse cerca del esplendor recordado de otras épocas. Por eso solían encontrarse allí.

Antibolcheviques

Este círculo, una vez concluida la Segunda Guerra Mundial, se añadió a los opositores declarados del comunismo estalinista. En aquel momento eran el grupo más numeroso.

Vladimir

Él pertenece a este grupo y, además, trabaja como traductor simultáneo inglés-ruso en el gobierno. Esta noche es el encargado de realizar la charla y hablará sobre los hechos que antecedieron al ataque de Hitler contra el ejército de Stalin durante la Segunda Guerra Mundial. Vladimir también tenía acceso a archivos de difícil acceso para el público.

Acuerdo de Yalta

Vladimir nació en Inglaterra y su madre es rusa. Su padre, también ruso, luchó al mando del general Vlásov. Él debería ser entregado a Stalin después del Acuerdo de Yalta, lo que habría significado una muerte segura para él. Pero, afortunadamente, fue uno de los pocos que lograron ocultarse y huir. Su esposa también se las arregló para escapar hacia Occidente.

Vlásov

Houston, en ese momento, tuvo que explicarme quién era Vlásov. Había sido el general más exitoso de Stalin. Incluso Ilyá Ehrenburg lo había inmortalizado en un monumento literario. Vlásov había luchado en el área al norte de Leópolis. Defendió Kiev y comandó el 20º ejército durante la Batalla de Moscú.

Fue nombrado Comandante en jefe para la operación que se encargaría de liberar a Leningrado del cerco. Durante esa campaña alcanzó incluso a luchar por una porción de la ciudad. Ahora bien, como su ejército había quedado aislado al alcanzar esta posición, no podía ser abastecido. Stalin, sin embargo, les prohibió retirarse y, a causa de ello, sus soldados murieron literalmente de hambre. Y los pocos que sobrevivieron fueron destrozados por los alemanes. El mismo Vlásov fue capturado.

Ilyá Ehrenburg

Yo, por segunda vez, tuve que interrumpir a Houston y preguntarle de quién hablaba. Si bien me considero una de las personas mejor informadas de la República Federal de Alemania, no conocía este nombre. Ilyá Ehrenburg fue uno de los escritores más reconocidos de la época soviética. Era un entusiasta partidario del bolchevismo e hizo el siguiente llamamiento a los soldados soviéticos: "¡Violad a mujeres y niñas! ¡Romped el orgullo de la mujer alemana!" Esto ya ha ocurrido millones de veces; este crimen suele ocurrir en casi todas las guerras. A este respecto, nada nuevo. Ahora bien, como Ilyá Ehrenburg era judío, mencionar este llamamiento puede ser considerado antisemita. Por eso es que no puede citarse. La declaración oficial del gobierno de Israel dice: "Esta es una declaración infundada, inventada por los nazis, y fue puesta en boca de Ehrenburg para calumniar a los judíos."

Cambio de bando

Pero volvamos a Vlásov. Su experiencia traumática con Stalin, cuando este último prefirió sacrificar vidas humanas de una manera tan cruel, contribuyó probablemente a que cambiara de bando. Vlásov seguía siendo un patriota y su deseo era ayudar a liberar a Rusia de la tiranía de Stalin. Por este motivo dio a sus fuerzas el nombre de Ejército Ruso de Liberación. Vlásov, en el manifiesto de Praga, explicó cómo era la Rusia que imaginaba para el futuro. Él no quería reinstaurar un régimen zarista; él quería una democracia en la cual el pueblo decidiera.

Gran Guerra Patriótica

Stalin, al principio de la guerra, no estaba en una posición segura. La mayoría de la gente estaba en su contra. El punto débil de la oposición era, sin embargo, que no había una cabeza visible que organizara las voces disidentes. Lo único que unió a los rusos fue un enemigo común: los alemanes. A pesar de los crímenes de los bolcheviques y de la indiferencia desenfrenada ante las pérdidas monstruosas en los campos de batalla, los rusos se unieron luchando contra el enemigo externo. Por eso la llamaron "Gran Guerra Patriótica". Solo esta guerra pudo unir a una nación dividida por la lucha de clases.

Autoestima reducida

Muchos acontecimientos demuestran que Stalin sabía bastante bien que carecía del apoyo popular. Su poder se basaba, simplemente, en ejercer un terror sin precedentes. Cuando se enteró con sorpresa del ataque alemán, supuso que sus generales aprovecharían la oportunidad para capturarlo inmediatamente. Huyó del Kremlin y se escondió en su dacha. Para su sorpresa, el Politburó lo visitó allí y le pidió que se hiciera cargo de la guerra.

Como Stalin tenía muy claro que los soldados rasos no tenían intención de luchar por el comunismo, temía que los soldados de infantería fueran derrotados sin ni siquiera luchar. Por este motivo impuso la pena de muerte a cualquier soldado que se dejara capturar.

Los soldados rusos capturados por los alemanes (quienes habían sido obligados a realizar trabajos forzados durante tres años después de haber sido capturados y, en 1945, habían sido enviados de regreso a la Unión Soviética por orden de Churchill) fueron fusilados inmediatamente después de regresar a la Unión Soviética.

Desfile en Moscú

Stalin realizó un desfile en la Plaza Roja para conmemorar el 25º aniversario de la Revolución de Octubre. Los alemanes, al mismo tiempo, estaban a solo 40 km de Moscú.

La situación militar parecía desesperada y, por ello, los generales rusos consideraban que la mejor solución era un alto al fuego. Pero Stalin, obstinado, se mantuvo en su idea inicial de atacar. El objetivo de los alemanes era arrebatarle el poder a él y a su partido y, por eso, él no sobreviviría a este ataque. Stalin habría tenido que responder ante un tribunal por todas sus atrocidades. Él lo sabía muy bien. Entonces, para evitar que le dieran un disparo durante el desfile, ordenó que todo el mundo llevara sus armas descargadas durante este.

En el Mari Vanna (6.13)

Fuimos los últimos en llegar, pues había demasiado tráfico. En el Mari Vanna ya habían apartado una habitación contigua para el encuentro. Cynthia y Charles también estaban allí; Lizzy y Douglas no habían llegado. Todo fue bastante casual. Había comida a la carta y cada uno pidió lo que quiso. El círculo estaba formado por unas 30 personas y todos se conocían muy bien. La velada comenzó con charlas personales y delicias de la mesa.

A la carta

Se deben enumerar, al menos, los nombres de los deliciosos platos que se sirvieron. Con solo mencionar el nombre de las sopas basta para hacerse agua la boca: borsch, soljanka, rassólnik, uja, shchi, okroshka.

Pero los platos fríos de entrada también eran excelentes. Hay muchos tipos de huevos rusos rellenos, mucha mayonesa mezclada con caviar o arenque, o salchichas.... Y pierogis. Blinis y pelmenis, piroshkis, shashliks, ternera Stróganov... Los rusos no vivieron para nada mal durante el zarismo.

Príncipe Guillermo

El equipo del restaurante estaba muy orgulloso de que el príncipe heredero Guillermo se hubiera atrevido a celebrar su 30º cumpleaños en el Mari Vanna, un restaurante ruso, a pesar de que los británicos han estado en estrecha enemistad con los rusos durante generaciones. Esperamos que no se hayan instalado dispositivos de espionaje que hayan grabado eventos que luego puedan usarse en contra del futuro rey de Inglaterra.

Dimitri

Durante la primera parte informal de la velada conocí a Dimitri, un hombre interesante de mediana edad. Viene de Ucrania y sus padres tuvieron que huir a Inglaterra, pues trabajaban con Stepán Bandera. Este nombre sigue siendo, a día de hoy, muy controvertido. Todavía hay personas en Ucrania occidental que lo consideran un héroe nacional, pero hay otras que lo ven como un traidor.

Bandera

Confieso que yo tampoco había oído hablar de él. Era un ferviente defensor de la independencia de Ucrania. Para ser más precisos, no estaba en contra de los rusos, solamente estaba en contra del estalinismo de los bolcheviques. Ucrania es el país más fértil y, en aquel entonces, era el granero de Europa. En Alemania, suelos así de fértiles solo se encuentran en la Llanura de Magdeburgo. La expropiación de los campesinos ricos, los kulaks, para construir granjas colectivas, los koljós, recibió mucha resistencia en Ucrania. Algo enteramente comprensible.

Holodomor

Como los comisionados de Stalin no lograron romper la resistencia de los campesinos a la nacionalización de las tierras, Stalin hizo ejecutar a cientos de miles de kulaks. Sus campos, que anteriormente producían ricas cosechas, ya no podían ser cultivados. Stalin también ordenó que se llevaran las reservas de granos que aún quedaban. Y así, con todas estas decisiones, creó una hambruna artificial. En el país agrícola más rico de Europa, 14 millones murieron de hambre. Esto sucedió en 1930 y se registró en la historia como la *Tragedia de los kulaks*, o también como *Holodomor*, que significa muerte por inanición. Hubo incluso casos de canibalismo.

Nelly

Y ahora, como estamos hablando de una realidad horrible, quisiera relatar una anécdota personal. Una mujer ruso-alemana, que presenció y vivió esta tragedia cuando tenía 12 años, me habló de ella en la década de los 80. Me contó cómo vino a nuestra ciudad como refugiada, pero también lo que experimentó siendo pequeña: gente cortando cuerpos de personas recientemente fallecidas y luego cortando sus hígados y corazones para comérselos. Esto fue terrible para ella. Al contármelo, también me dijo que era la primera vez que le hablaba del tema a alguien, y que ya no podría contarlo a nadie más.

Comisarios

Los oficiales de Stalin, quienes asesinaron a los kulaks y ordenaron llevarse la reserva de granos, eran conocidos como *comisarios*, oficiales superiores del partido. Como la mayoría de ellos eran judíos, la gente común ya no distinguía entre comunistas y judíos. Para la gente común, eran lo mismo. El odio contra los revolucionarios de la lucha de clases o contra los judíos era el mismo.

Cooperación

Como Hitler luchó de igual manera contra el comunismo y los judíos, muchos en Ucrania se solidarizaron con él. Bandera, después de los primeros éxitos alemanes en Polonia, se fue a Cracovia para ofrecer sus servicios a Hitler. Él quería unirse en su lucha contra Stalin.
Sin embargo, los objetivos de Bandera y los de Hitler eran muy distintos.
Hitler quería ganar espacio en la fértil Ucrania para los alemanes. Y Bandera, por supuesto, no podría estar de acuerdo con ello. Entonces, esta apuesta temeraria (que incluía la acogida amistosa de las tropas alemanas en Ucrania, chicas con coronas de flores en el pelo y adultos dispuestos a trabajar con los alemanes, inmediatamente y sin reservas) no pudo convertirse en una cooperación fructífera.
Bandera fue encarcelado, pero fue enviado como preso especial al campo de concentración de Sachsenhausen. Tenía un apartamento de 2 habitaciones con biblioteca, alfombra persa en el suelo y otros servicios.

Masacre

Sin embargo, al final de la guerra, Bandera fue condenado a muerte por Stalin, si bien no pudo demostrarse que él hubiera estado involucrado en las masacres perpetradas por los ucranianos contra los comisarios. Toda la gente de Bandera fue ejecutada. Él pudo salvarse usando un nombre falso en Alemania, donde vivió sin ser reconocido durante muchos años. Pero, tiempo después, el servicio secreto estalinista lo localizó y le disparó frente a su apartamento de Múnich. El mismo Dimitri dio una conferencia sobre estos eventos durante toda una noche, basándose en el libro de Nicolái Tolstói: *Victims of Yalta* ("Víctimas de Yalta").

Nicolái Tolstói

Es un pariente lejano del famoso León Tolstói. En el libro arriba mencionado publicó sus investigaciones sobre estas ejecuciones. Es más, Solzhenitsyn se refirió a ello en *Archipiélago Gulag*, dando a conocer a un público amplio este espantoso crimen de guerra perpetrado por los Aliados (y del que Churchill y Roosevelt eran responsables).

Más de 2 millones de rusos que vivían en Occidente fueron extraditados y ejecutados por órdenes de Stalin. Entre ellos se incluían, también, los rusos que ya habían huido a Occidente después de la Primera Guerra Mundial. Los padres de Nicolái Tolstói pertenecen a este grupo.

La tragedia de los cosacos en Lienz

Este hecho también era desconocido para mí, al igual que la masacre de Bleiburg. Sin embargo, nosotros debemos conocer estos hechos, pues todavía tienen repercusiones políticas. La resistencia de los tártaros de Crimea a la anexión de esta región a Rusia, ordenada por Putin, así como la disputa entre croatas y serbios en la guerra de Kosovo, tiene sus raíces en estos terribles acontecimientos de la posguerra.

Cosacos de Crimea

Dimitri también me habló de un amigo suyo, un cosaco de Crimea, que no estaba allí esta noche. Su padre había logrado escapar a Lienz, Austria, donde los británicos habían reunido a los cosacos para entregarlos a Stalin. Solo 500 cosacos tuvieron esta suerte; solo ellos sobrevivieron. Todos los demás fueron asesinados. Los cosacos de Crimea estaban del lado de Alemania y habían luchado contra el bolchevismo. Posteriormente, Stalin usó este hecho para justificar el exterminio de este grupo étnico.

Cementerio cosaco

Incluso hoy en día se puede visitar el cementerio de Lienz, en Tirol Oriental. Ha sido restaurado y, además, también conmemora esta tragedia. Los cientos de cuerpos allí enterrados pertenecen a personas que se arrojaron desde el puente al río Drava. Preferían matarse a ser entregados a Stalin. "This is not exactly our finest hour" (este no es precisamente nuestro mejor momento), dijo Atlee, Primer Ministro después de la Segunda Guerra Mundial. Y no añadió más, eso era suficiente para despachar el asunto.

Crimea hoy

Hoy en día, después de la anexión de Crimea gestada por Putin, el tema de los tártaros de Crimea, que lucharon de la mano de los alemanes y luego fueron ejecutados por Stalin, sigue siendo un motivo de preocupación. Sin embargo, se pasa por alto que la Rusia de Putin, que rechaza completamente el estalinismo, representa una situación completamente distinta. Hoy en día, Occidente acaricia y cuida a los cosacos de Crimea, pues ellos pueden ser utilizados como armas contra Putin. Ahora bien, el hecho de que Occidente haya enviado a cientos de miles de ellos a su muerte, justo después de la guerra, es algo que muchos pretender olvidar.

Conferencia de Vladimir (6.14)

Tuvimos que terminar nuestra conversación privada, pues la conferencia de Vladimir iba a comenzar. Todos lo conocían en este lugar y, además, también sabían que su conferencia no iba a seguir un plan desde la primera hasta la última frase, sino que esta podría verse interrumpida en cualquier momento con una pregunta y tomar caminos y temas completamente diferentes. Comenzó diciendo: "Como es sabido, Hitler atacó a la Unión Soviética el 22 de junio 1941, sin dar un preaviso y sin declararle la guerra. Sucedió a las 3 de la madrugada, cuando todos en el lado ruso dormían. Cuando los soldados que estaban de guardia se levantaron y se pusieron los pantalones, los tanques de Hitler ya habían rebasado la línea de demarcación".

Preaviso

Pero ya había habido muchas advertencias previas. Richard Sorge, un espía soviético de origen alemán, quien además tenía acceso a información clasificada en Tokio, ya había dado una fecha para el ataque: 22 de junio. Pero Stalin no le creyó.

Stalin estaba seguro

De hecho, estaba tan seguro de que Hitler no atacaría que también ignoró las advertencias de Churchill. Después de la fuga fallida y del arresto del representante del Führer, Rudolf Hess, Churchill difundió públicamente el rumor de que Hitler había buscado un acuerdo de tregua con Inglaterra para así poder atacar a Rusia. Esta información también le llegó a Stalin mediante canales diplomáticos.

Stalin era más listo

Stalin sabía, sin embargo, que Churchill había insistido durante mucho tiempo en que pusiera fin al pacto de no agresión con Alemania porque necesitaba ayuda urgente. El cómplice de Churchill, Roosevelt, no podía intervenir en la guerra, pues el pueblo estadounidense seguía oponiéndose a una guerra con Alemania.

Una pregunta

Dimitri, en este punto de la conferencia de Vladimir, interrumpió con una pregunta. Él se refería a Vladimir por su nombre, como era usual en este grupo, y le preguntó: "¿Qué relación ves entre el ataque de Hitler y la fuga de su ayudante, Rudolf Hess?"

Alternativas

Las siguientes combinaciones eran posibles:
Hitler quería la paz con Inglaterra antes de atacar a Rusia para, de esta manera, evitar una guerra en dos frentes.
Él quería evitar que Stalin atacara si ya no había una segunda línea de frente.
Ahora bien, la misión de paz de Hess había fallado. Entonces, ¿por qué atacó de todos modos?

Equilibrio de poderes

Vladimir ya había pensado en el tema y había llegado a la siguiente conclusión: Stalin tenía 6 millones de soldados, 11.000 tanques y 10.000 aviones; Hitler tenía 3 millones de soldados, 3.000 tanques y 1.000 aviones. Stalin había dispuesto a todo su ejército en la línea de demarcación. Estaba en la magnífica posición de poder atacar en cualquier momento, o no.

Negociaciones

Cuando se acordó el Pacto Hitler-Stalin, quedó claro, desde el principio, que ninguna de las partes se había comprometido a cumplirlo hasta el final. Es más, la celebración de este pacto sorprendió a muchos. Todo el mundo sabía que Hitler era un enemigo declarado de Stalin y que Stalin no había abandonado la meta del comunismo internacional (mejor dicho, que Stalin solo daría por concluida la revolución mundial del proletariado cuando la bandera del comunismo ondeara en el la capital del país más avanzado de la industrialización, Berlín).

Consejos de Churchill

Hitler, dados los acontecimientos de la Primera Guerra Mundial, temía una guerra en dos frentes. Ese fue el trauma de su vida y de todo el pueblo alemán. Luchar simultáneamente en el Oriente contra Rusia y en el Occidente contra Francia e Inglaterra, e incluso contra los EE. UU., resultó siendo peor de lo que cualquiera habría pensado. Por ello, solo se atrevió a hacer la guerra contra Polonia cuando estaba seguro de que Rusia no intervendría. El acuerdo con Rusia era el requisito previo. Fue una gran sorpresa para todos, pero no para Churchill. Él había convencido a Stalin de que hiciera este acuerdo con Hitler, pues quería que Hitler fuera el primero en atacar en la Segunda Guerra Mundial. Y así, una vez sucedió esto, Hitler quedó atrapado. Inglaterra seguía siendo su enemigo y, además, Rusia podía romper su acuerdo de no agresión en cualquier momento. Pero el principio de la guerra estaba asegurado, al igual que lo estuvo el disparo en Sarajevo.

Planes para el futuro

Una vez acordado el pacto entre Stalin y Hitler, Rusia ocupó Estonia, Letonia y Lituania sin siquiera tener que disparar. También ocupó territorios de Bucovina, lo que no estaba previsto en el tratado, y así comenzó la guerra de invierno contra Finlandia. Y no solo allí, también ocupó los importantes campos petroleros de Azerbaiyán. Churchill, o Roosevelt, le había prometido a Stalin que Roosevelt le suministraría armamento gratis. Y para ello, se necesitaba usar el puerto de Múrmansk. De ahí que fuera tan importante conquistar la zona de Carelia en Finlandia. Se suponía que la ocupación de Azerbaiyán iba a servir para crear una conexión a través de Irán, a través de la cual los estadounidenses e ingleses podrían suministrar armas a los rusos por el Mar Caspio y el Volga. Estas conquistas militares demuestran que Stalin solo hizo este pacto con Hitler porque estaba buscando las mejores condiciones para la guerra. Es claro que los intensos preparativos para la guerra contra Alemania comenzaron con la realización de este acuerdo.

Molotov

Era el ministro de Asuntos Exteriores más importante de Stalin, desde septiembre de 1939 hasta 1941. Después de que el pacto hubiera funcionado durante dos años, las exigencias de Stalin se hicieron cada vez mayores. Churchill le animó a hacerlo. Molotov hizo gestiones en Berlín y exigió que Hitler diera su consentimiento para las conquistas de Stalin en Bulgaria, Grecia y Turquía. Turquía era un país neutral y contaba con un ejército bien equipado de 650.000 hombres. Para Stalin, sin embargo, el Bósforo y los Dardanelos eran fundamentales; sin acceso a estos estrechos, la flota de Stalin seguiría bloqueada en el Mar Negro y no tendría acceso al mar Mediterráneo.

Turquía era neutral, cierto, pero tenía muy buenas relaciones con Alemania, y Hitler no quería poner estas relaciones en riesgo. Y más aún si se tenía en cuenta el rumbo que estaban tomando los acontecimientos. A Hitler le quedó claro que la guerra era inevitable y nunca respondió a las demandas de Molotov. Tuvo entonces que empezar a prepararse para la guerra. El peor de los casos había ocurrido: guerra en los dos frentes. En Oriente y en Occidente.

Acto desesperado

Estaba claro que Rusia estaba lista para atacar. El vuelo de Hess fue un intento temerario de Churchill para acabar con el apoyo que las potencias occidentales le daban a Stalin. Ahora bien, como esta misión de paz fracasó, el choque con Rusia se hizo inevitable. Hitler, que no quería darle a Stalin la ventaja de decidir la fecha de un ataque inminente, prefirió atacar primero. Hitler aseguró que este ataque le costó muchas noches de sueño y que había tenido dolores de estómago extremos. El hecho de que solamente la decisión de atacar el 22 de junio a las 3 de la madrugada le permitió regresar a una vida normal demuestra que esta decisión de Hitler no fue nada voluntaria.

Opinión pública

El comienzo de la guerra con Rusia causó una gran intranquilidad entre la población alemana y, después de ella, amplios sectores de la población empezaron a criticar el régimen. Se creía que Hitler había comenzado esta guerra por puro deseo bélico. Prácticamente nadie sabía que era un puro acto de desesperación.

Éxito sorprendente

Haber comenzado el ataque estaba dándole la razón a Hitler. En pocos días, de los 6 millones de soldados de Stalin, 5 millones habían sido capturados. De sus 11.000 tanques, más de 5.000 habían sido destruidos, al igual que 2.000 aviones. Los jóvenes que fueron capturados no estaban motivados para luchar por el comunismo. Ellos eran, como Stalin temía, desertores, personas que no tenían ninguna razón personal para luchar por un régimen así. Sus padres, antiguos terratenientes, habían sido asesinados y su tierra había sido expropiada.

Propaganda

Se enviaron fotógrafos al frente de batalla, pues así podrían tomarse fotos de los "subhumanos" eslavos y mostrarlas en el noticiario del cine. Su diferencia con los arios, raza superior, debía hacerse evidente. Los futuros dueños de estas fértiles tierras orientales debían aparecer más dignos que estos subhumanos. Los fotógrafos eligieron unas pocas docenas de rostros de entre los 5 millones de presos para así cumplir con los fines de la propaganda y las publicaciones demagógicas: gente con rasgos repulsivos, orejas prominentes y narices que, obedeciendo al cliché de la fisonomía judía, se asemejaban a ganchos.

Himmler

Después de la captura de Hess, él se había convertido en el ministro más importante de Hitler, después de Göring. Él también fue al frente y tomó una foto de los prisioneros. Desafortunadamente, no podía decidir en este tema, pues excedía el límite de sus funciones. Se conmovió al ver a los jóvenes que, en su opinión, no tenían absolutamente nada que ver con la ideología marxista y que, en su opinión, eran campesinos hábiles y de buen corazón.

Decisión equivocada

Ahora bien, estos 5 millones de prisioneros excedían las capacidades de los alemanes. Los alemanes, en lugar de recibir a estos jóvenes y de mostrarle una alternativa al bolchevismo, los encerraron en campos de prisioneros y campos de trabajos forzados. Es más, como no había siquiera alimento suficiente para la propia población, tampoco estaban bien alimentados. Muchos murieron.

"Padre de un asesino"

Himmler es considerado el principal responsable de la "Solución final del problema judío". En la escala de criminales suele ubicársele justo después de Hitler, incluso por delante de Eichmann y de Höss. Erich Fried, un escritor judío, había sido alumno del padre de Himmler durante un año. El padre de Himmler era director de una escuela secundaria y, además, él mismo enseñaba griego antiguo e historia. En la novela de Fried, *Padre de un asesino*, se pueden encontrar detalles interesantes sobre él. Los Himmler provienen de una antigua familia patricia de Basilea. Pero, para Fried, solo hay algo realmente importante: él era el padre de un genocida. No importa lo que un filólogo clásico pueda decir sobre Sócrates o historia griega, o la manera en que lidie con un alumno díscolo, lo único que vale la pena es lo siguiente: "Él es el padre de este genocida".

Call me John (6.15)

La conferencia de Vladimir se detuvo. En ese instante llegó un contertulio de este círculo que llevaba mucho tiempo sin venir. Él se presentó con la siguiente frase: "Call me John". Houston, otro contertulio regular, ya lo conocía; luego me miró y me dijo que más tarde me contaría algunas cosas sobre este John. John estuvo de acuerdo con los comentarios de Vladimir: él también opinaba que estaba muy claro que Hitler no quería una guerra en ese momento. Ni contra los soviéticos, ni contra los ingleses. Él quería, desde el principio, hacerse aliado de los ingleses. Ni siquiera quería un conflicto contra los polacos. Él quería llegar a un acuerdo y a una solución pacífica, mientras que los polacos querían incorporar a su territorio la ciudad de Gdansk, habitada en un 98 % por alemanes. John opinaba que Churchill, en nombre de los Estados Unidos, había frustrado una solución pacífica.

Halifax

John prosiguió: Halifax era, en ese entonces, Ministro de Asuntos Exteriores inglés; y, cuando Lord Chamberlain dimitió, fue propuesto como sucesor de este. Era considerado, por todos, como el político inglés más capaz.
Recuerdo que Hitler confiaba en que este Ministro de Asuntos Exteriores le ayudaría en unas eventuales conversaciones de paz. Ahora bien, entre más hablaba John, más claro me quedaba por qué esto no habría podido suceder. Halifax había declinado la oferta del cargo de Primer Ministro. Él no quería luchar por una paz que, a fin de cuentas, los Estados Unidos terminarían socavando. Él no quería luchar en vano, sino disfrutar de su vida. Por lo tanto, él se ofreció como embajador en Washington, donde podía continuar con su pasión por la caza (un lugar preferible a Inglaterra, donde siempre trabajaba en el parlamento hasta el viernes y solamente después de eso podía dedicarse a cazar). Él se postuló al cargo de embajador

en Washington y usó como argumento a su favor los aplausos de los senadores y congresistas, aplausos que, a su vez, habían acompañado el mayor éxito de la diplomacia inglesa: "haber obligado a Hitler a ir a la guerra".

Lloyd George

Las aseveraciones de John eran nuevas para todos. Nadie lo sabía y, por tanto, fue bastante sorprendente. Ahora bien, John podía seguir sorprendiéndonos. Lloyd George debería haber sido el sucesor de Lord Chamberlain cuando Halifax rechazó la oferta. Él ya había sido Primer Ministro una vez, al final de la Primera Guerra Mundial. Él tenía, por esta razón, muy buenas credenciales. Pero él también estaba a favor de la paz con Alemania. Churchill, en consecuencia, restó méritos a su candidatura inventando el siguiente rumor: este político, si bien solo tenía 70 años, sufría una demencia temprana y grave y, por lo tanto, no podía siquiera considerarse.

Berghof

Lloyd George había aceptado, en 1936, una invitación del Führer a Berghof, su residencia en las montañas de Berchtesgaden. Hitler intentó usar todos sus encantos (y muchos atestiguan que tenía mucho talento para ello) para causar una buena impresión. Le dio a Lloyd George un retrato con la siguiente dedicatoria: "Para el ganador de la Primera Guerra Mundial". Él quería mostrar, como todo un caballero, que Alemania reconocía la victoria de los ingleses en la Primera Guerra Mundial. Y la estrategia de Hitler dio frutos: Lloyd George publicó un artículo de una página en el *Times*, el periódico más grande de su país, donde describía su visita al Führer y elogiaba su forma de hacer política. Allí incluso se leía: "He conocido al mejor alemán de la actualidad (Greatest living German)". Esta descripción de Hitler se opone a aquella otra que lo satanizaba.

Básicamente, no hay negociaciones

La postura de Churchill y Estados Unidos según la cual, con Hitler, básicamente, no hay negociaciones, no había sido mantenida por Lloyd George. La última película de propaganda que glorifica a Churchill, *Darkest Hour*, lo dice así: "No puedes negociar con un depredador si tu cabeza está en su hocico".

Sin alternativa

Finalmente resultó que los errores de Churchill fueron los que, en últimas, terminaron dándole poderes dictatoriales como señor de la guerra (pues su flagrante incapacidad, que había quedado evidenciada en la campaña de Narvik, llevó a su destitución como Gran Almirante, pero también condujo a la dimisión de Chamberlain, que asumió la responsabilidad por este fracaso). El pueblo no lo invocó. Este nombramiento tuvo lugar sin haber llamado elecciones. Desde hace diez años, debido a su debacle en el ministerio de finanzas, nadie se había atrevido a confiarle un cargo.

Orígenes de John

Los comentarios de John fueron muy emocionantes, tanto así que hubo necesidad de hacer una pausa para poder discutir animadamente al respecto. No estábamos todos en la misma mesa, cada uno estaba con personas que conocía en mesas de distintos tamaños. Ahora bien, lo que queríamos saber era lo siguiente: y este John, ¿quién es realmente? Se sabe que es de Estados Unidos y que ha vivido mucho tiempo en Londres. Houston sabía que él, posiblemente, había estado involucrado profesionalmente en la política. John sabía tantos detalles que uno incluso podía pensar que había preparado sus contribuciones. Esto fue confirmado por los comentarios que dio después de la pausa.

Conferencia de John (6.16)

John explicó por qué Hitler no quería ningún conflicto bélico en este momento. Su partido era un partido ideológico que quería convencer al pueblo y ofrecerle un antídoto al comunismo. Para lograrlo, sin embargo, primero tenía que demostrar su éxito.

Construcción de asentamientos

Después de la Primera Guerra Mundial, la situación de los trabajadores en los países victoriosos era extremadamente precaria. Temas como los salarios por hora y las horas de trabajo eran muy controvertidos y, además, las huelgas estaban a la orden del día. Hitler quería asegurarse de que la familia de un simple trabajador tuviera su propia casa, con un huerto en el que se pudieran cultivar verduras, frutas y hortalizas. Por lo tanto, en las zonas rurales, el terreno por cada casa debía ser de al menos 10 decámetros cuadrados. De esta manera, incluso las familias con varios hijos podían encargarse de ellos de manera sostenible. Estos asentamientos todavía existen y se mantienen en buen estado; en su mayoría son habitados por los herederos de los dueños originales.

En las grandes ciudades, donde no había tanto espacio disponible, construyó largas filas de casas. El frente daba a la calle y la parte de atrás daba a zonas verdes. La línea paralela era simétrica, de modo que las partes posteriores de todas las casas colindaban con zonas verdes y libres de automóviles; estas zonas verdes ofrecían espacio a los niños para jugar y a los adultos les permitía pasar tiempo en compañía de otras personas, al aire libre y bajo los árboles. Estos asentamientos se siguen utilizando y disfrutando hoy en día.

Fuerza a través de la alegría

Hitler también quería dar a la gente común el placer de viajar al extranjero. En aquella época, un viaje a Italia estaba reservado para los ricos. Construyó un gran barco con cabinas para dormir, el cual solía usar para sus viajes por el Mediterráneo. En él, incluso los asalariados podían pasar frente a Estrómboli, que respiraba fuego a medianoche, y escalar el Monte Etna, o visitar Nápoles, Roma y Florencia. Una experiencia inolvidable en aquella época. El barco debía llamarse *Adolf Hitler*.

Wilhelm Gustloff

Sin embargo, el nombre de Hitler fue reemplazado por el nombre de un ciudadano suizo asesinado por un estudiante judío en Fráncfort, *Wilhelm Gustloff*, pues Hitler también quería formar un partido nacionalsocialista en la parte de habla alemana de Suiza. Durante los últimos días de la guerra, se quiso usar este barco para rescatar a 10.000 personas (heridos, refugiados de Prusia Oriental, mujeres y niños) y llevarlos a Dinamarca. Pero fue hundido por un barco de guerra ruso. Prácticamente no hubo sobrevivientes. Esto la convierte en la mayor catástrofe naval del mundo.

Volkswagen

Un automóvil seguía siendo un símbolo de estatus en ese momento. Es sorprendente que Hitler también quisiera regalarle un coche al simple trabajador, el Volkswagen ("automóvil del pueblo"). Su creación tiene otras dos características especiales. Una fábrica de automóviles tiene que hacer pagos por adelantado; tiene que comprar las piezas, pero antes debe pagarles a los empleados. Por regla general, se solicitaba un préstamo para ello y, posteriormente, los bancos cobraban intereses sobre la deuda. Como resultado, el costo de un automóvil se dividía así: un cuarto para materiales, un cuarto para salarios y un 50 % para pagos de intereses de deuda. Los bancos hicieron el mejor negocio. Sin embargo, la innovación radicaba en lo siguiente: un trabajador hacía un depósito mensual antes de poder comprar un auto. Ahora bien, solo podía llevárselo cuando ya lo hubiera pagado en su totalidad. La segunda novedad consistió en que el trabajador, al momento de recibir el automóvil, estaba libre de deudas. No tendría que pagar intereses a un banco, lo que solía ser una molestia. Los bancos, entonces, no hicieron negocio con ello.

Ford

El mayor fabricante de automóviles, Henry Ford, en los EE. UU., consideró que esta regulación era excepcional. Él no ocultaba su admiración por Hitler. También, en otros aspectos, mostró mucha simpatía por las regulaciones de Hitler. Pero esto fue muy mal visto en algunos círculos de Estados Unidos.

Prora

Otro gran proyecto se desarrollaría en la isla de Rügen. Una estación vacacional para familias con muchos hijos. Para un asalariado normal, pagar un hotel era muy costoso, y más aún si tenía hijos. Por lo tanto, Hitler encargó un complejo vacacional en el que se podían alquilar apartamentos de vacaciones. Un gigantesco complejo de 5 km de largo y 4 pisos de altura, enclavado en una de las bahías arenosas más bellas de la isla. 20 mil personas podrían irse de vacaciones al mismo tiempo. En temporada alta, podría albergar hasta 1 millón de personas. En la parte delantera, uno podía ir directamente a la playa, llena de arena, y a la orilla del mar. Y, en la trasera, uno podía bordear un bosque de abetos. También había salas comunes. Se suponía que los turistas no debían cocinar y, por ello, se dispusieron varios restaurantes. Una familia con niños podría descansar de forma óptima, al aire libre, con paseos por la playa, juegos de pelota, natación y vela. Pero este proyecto se detuvo por el estallido de la Segunda Guerra Mundial. Solo se habían construido las bases.

Construcción detenida

Hace poco, un inversionista quiso comprar una parte de esta gran construcción. Tenía, además, mucho interés en ello. Los apartamentos de vacaciones podrían venderse como condominios y, de seguro, serían un éxito en ventas. Pero, para ello, había que reanudar la construcción. Los bancos no quisieron dar los últimos créditos, pues tenían miedo de que un proyecto hitleriano fuera considerado útil y rentable. Oficialmente, este "monstruoso" edificio es considerado un ejemplo de la "arquitectura del mal". Así lo describe el famoso arquitecto Libeskind, quien construyó el Museo Judío en Berlín y también se encargó de los proyectos de reconstrucción del World Trade Center en Nueva York.

Autopista alemana

Como es bien sabido, Hitler comenzó a construir la autopista alemana. Esto también fue un problema para algunos contemporáneos. Eva Herrmann, una popular presentadora de la televisión alemana, metió la pata hablando al respecto. Todos conducimos por la autopista, no está prohibido. Pero ella dijo que, si bien se sabía que Hitler la había construido, la autopista seguía siendo utilizada. Eso ya fue demasiado. Ella tuvo entonces que salir del estudio, en plena transmisión en vivo. También perdió su trabajo como presentadora. Luego ella demandó su despido ante un tribunal, pero perdió la demanda. Semejante declaración es inaceptable para una persona pública.

Juventudes Hitlerianas

Como parte de la Juventudes Hitlerianas, los muchachos debían entrar a los 10 años al "Deutsches Jungvolk" (Jóvenes del pueblo alemán) y las muchachas al "Bund Deutscher Mädel" (Liga de Muchachas Alemanas). Este programa, con entrenamiento atlético, paseos en bicicleta con campamento nocturno y fogatas, fue muy popular entre los "pimpfe" (como se llamaba a los muchachos entonces), además de ser muy apropiado y muy popular. Los jóvenes de hoy en día se aburren a menudo y no hacen nada significativo en su tiempo libre. Ir a discotecas, practicar el turismo de borrachera y tomar alcohol hasta llegar a un coma no son, para nada, algo preferible.

Un modelo a seguir para otros países

Todos estos proyectos no solo enriquecían a los alemanes, también debían servir de modelo para otros países. En casi todos los países europeos se formaron partidos que imitaban la innovación de Hitler:
En Italia, en 1919, los fascistas. En Alemania, en 1920, los nacionalsocialistas.
En Rumania, en 1927, la Guardia de Hierro. En Croacia, en 1929, la Ustacha.
En España, en 1933, los Falangistas. En Hungría, en 1935, el Partido de la Cruz Flechada.
Incluso en Israel se fundó un partido nacional socialista.
En los EE. UU., en 1933, se fundó la asociación "Friends of New Germany in Chicago".

Interrupción

Pero todos estos proyectos, que debían mostrarle al mundo que la política sí puede estar en beneficio del pueblo, tuvieron que detenerse abruptamente. La guerra, impuesta deliberadamente, se apoderó de todo el poder de la economía nacional. Hitler no pudo demostrarle al mundo que el nacionalsocialismo era la mejor alternativa al comunismo, pues en el comunismo se oprimía al pueblo y, además, en todos los países gobernados por una economía comunista se llegaba, irremediablemente, a una escasez de recursos.

Intención de esfuerzos de paz

Si Hess quería forzar la paz, con la ayuda de los "golpistas" ingleses, ciertamente no lo hacía para atacar a Rusia. Lo que él quería era impedir que Stalin marchara con su Ejército Rojo en dirección a Berlín cuando dejara de contar con el apoyo de Gran Bretaña y los EE. UU. y cuando sus tropas se dieran cuenta de que los Aliados no les iban a apoyar en el frente Oriental. John terminó su conferencia con estas palabras y luego dio la palabra a Vladimir.

Conferencia de Vladimir, continuación (6.17)

John, entre tus aportes encuentro una tesis que yo, sin duda, puedo apoyar. Con ello me refiero a que debía forzarse una paz con Inglaterra para que Stalin no atacara. Stalin se había aprovechado del pacto de no agresión a su favor, durante dos años, para armarse mejor. Y, a través de Vladivostok, Roosevelt le suministró armamento: 10.000 tanques y 10.000 aviones lo demuestran.

El ataque de Hitler, después del fracaso de la misión de Hess, solo podría considerarse como un acto desesperado. La única oportunidad que vio fue atacar por sorpresa. Y realmente tuvo éxito.

Éxito inicial

Sin embargo, estos éxitos iniciales, que habían sido considerados posibles, no condujeron, como había supuesto

Hitler, a un fin inmediato de la guerra. Con este ataque se abría la inmensidad de las estepas rusas, casi deshabitadas. Los soldados de Hitler tuvieron que caminar miles de kilómetros, pues no había casi carreteras para largas distancias. Y luego llegó el invierno. Como nadie había presupuesto una campaña de semejante magnitud, nadie había pensado en el equipo de invierno de los soldados. A pesar de los récords de bajas temperaturas, con 40 °C bajo cero (un récord que no se había alcanzado desde la campaña rusa de Napoleón), y de las congelaciones que sufrió la infantería, las tropas alemanas llegaron rápido hasta Moscú, San Petersburgo y Stalingrado. Se hizo un cerco sobre cada una de esta tres metrópolis. En Stalingrado, incluso, alcanzaron a conquistar una parte de la ciudad. Pero no hubo una invasión de San Petersburgo. Eso tampoco estaba planeado. Hitler no quería que la guerra destruyera tesoros artísticos únicos de esta hermosa ciudad, como el Hermitage o la Catedral de Isaac. Ahora bien, el cerco de las ciudades también servía para impedir que la población recibiera suficiente alimento. Hitler, por lo tanto, creía que Stalin comenzaría rápidamente con las negociaciones de paz. Pero Stalin prefirió que un millón de personas murieran de inanición.

Partisanos

La negativa de Stalin a iniciar negociaciones de paz trajo un problema adicional: 400.000 hombres, locales y familiarizados con la zona, muchos de ellos judíos, tomaron distancia del avance de las tropas alemanas y se escondieron en los bosques. Los estadounidenses usaron aviones para proporcionar alimentos y armas a estos partisanos. Ellos, los partisanos, atacaban de noche, interrumpían las líneas de suministro del frente y atacaban a soldados por la espalda. Ahora bien, con el tiempo se ha descubierto que entre las víctimas de los partisanos hubo más colaboradores rusos que soldados alemanes. El daño que causaron fue inmenso, ya que las tropas de combate estaban en la primera línea, sin municiones ni alimentos.

Radicalismo de Hitler

La reacción de Hitler a este desafío fue la siguiente: "Pues mejor para mí. Ahora sabemos que los partisanos son, por lo general, judíos. Ya no tendremos que investigar mucho sobre quién hizo estos ataques; solo tenemos que atacar a los judíos escondidos en los bosques." Ese fue el comienzo del Holocausto.

Estrategia

Las potencias occidentales, EE. UU. e Inglaterra, no tenían como objetivo final la victoria de Stalin. Ellas querían que los alemanes y los rusos se mataran entre ellos, tanto como fuera posible, para así eliminar ambos factores de poder y quedar en tercer lugar, como felices ganadoras. Su principio era apoyar al más débil . Y al principio ese era Stalin.

Dr. Sorge

Hitler tenía la esperanza de que Japón atacara a las fuerzas armadas rusas en Vladivostok y de que el ejército ruso cayera por ese frente. Pero esto no sucedió: Japón no le declaró la guerra a Rusia. El Dr. Sorge, un maestro espía de Stalin, que tenía acceso a todos los datos secretos de la embajada alemana en Tokio, informó a Stalin que Japón no tenía pensado entrar en la guerra. Esto permitió que los ejércitos de allí fueran llevados a Moscú. Y esto, a su vez, impidió que las tropas alemanas rodearan la ciudad, como había ocurrido en San Petersburgo. SI los alemanes hubieran conquistado la capital, Stalin había tenido que rendirse.

Stalingrado

Esta ciudad a orillas del Volga (donde habían caído un millón de soldados rusos y donde la mayoría de sus 600.000 habitantes, que no habían logrado escapar, también perdieron la vida) ahora recibía suministros directamente desde Teherán. A través de Azerbaiyán, el Mar Caspio y el Volga, los estadounidenses suministraron a los rusos armamento, ropa, alimentos frescos... Los hambrientos alemanes, en su mayoría sin municiones, no tenían manera de oponerse a ello.

General Paulus

La situación era desesperada. Pero Hitler consideraba que, en principio, un general alemán no debía rendirse. Ascendió al general Paulus a general supremo, lo que significaba que debía suicidarse. Pero Paulus fue enviado, junto con cien mil soldados, al cautiverio. De ellos, solo seis mil sobrevivieron. (Él sobrevivió, pero luego fue juzgado con desprecio en los Juicios de Núremberg.) Cuando lo llevaban al cautiverio, él subrayó el hecho de que los estaban capturando como personas civiles, pues él y sus soldados ya no tenían municiones. Parte de su ejército, en el norte de la ciudad, continuó luchando. Todavía tenían algunos cartuchos de munición. Pero el hecho de que un general alemán se rindiera tuvo un tremendo poder simbólico. Fue la primera victoria rusa. Y ese fue el punto de inflexión de toda la guerra.

Ayuda militar

Roosevelt utilizó, al menos, cuatrocientos mil camiones para salvar a Stalingrado. Los infames órganos de Stalin pudieron montarse sobre ellos (lo que no habría servido de nada sin una base móvil). Los alemanes ya no podían oponerse a este contingente.

Táctica

La táctica de las potencias occidentales era que los rusos y los alemanes se mataran entre sí. Cuanto más, mejor. Si se quiere buscar el número máximo de víctimas mortales, debe apoyarse al más débil; de esta manera, la lucha se extiende más. Y, obviamente, los más débiles en la batalla de Stalingrado eran los rusos.

Joel Brand

La escasez material de los alemanes se manifestó de formas cada vez más dramáticas. Como ya no había hierro disponible para construir cañones, tuvieron incluso que desmontar y fundir las campanas de las iglesias. Desesperados, los alemanes ofrecieron un trato: si recibían 10.000 camiones, ellos podían dar 1 millón de judíos a los aliados; es decir, un camión por cada 100 judíos que, de otro modo, habrían llegado a campos de concentración. Joel Brand era el intermediario y, como era judío, completamente confiable. Las negociaciones se dieron en un lugar neutral: Estambul. Churchill era el interlocutor responsable. Rechazó el trato. La pregunta sería, hoy en día: ¿le pareció demasiado arriesgado darle a Hitler tantos camiones? ¿O era que estos judíos, pobres judíos orientales, no valían la pena? Se rumorea que Rothschild dijo: "No schnorrers in Jerusalem" (nada de gorrones en Jerusalén).

Sah de Persia

El padre de Reza Pahleví, conocido por todos nosotros, fue un defensor de Hitler. Estaba orgulloso de que su nación perteneciera a la familia indoeuropea. Reemplazó el nombre de Persia por el de Irán, que significa "ario". Había llamado a 500 alemanes al país como expertos y quería que las ricas fuentes de petróleo fueran explotadas por alemanes (y no por empresas petroleras inglesas). Resultado: para evitarlo, las tropas inglesas entraron en su país y ocuparon toda la zona.

El desesperado gobernante escribió una carta a Roosevelt y lamentó la ocupación de su país, que violaba el derecho internacional. En ella decía: usted representa los 14 puntos de Wilson y el derecho de autodeterminación de los pueblos. Defiéndanos contra la ocupación ilegal de nuestro país. En el siguiente aparte aparece la respuesta de Roosevelt.

La carta de Roosevelt al Sah

Roosevelt informó al Sah que las tropas estadounidenses entrarían pronto a su país para protegerlo del deseo de conquista de Hitler. Él no solo quería invadir el Cercano Oriente, sino también el Medio Oriente. Además, tenía la intención de conquistar América del Norte y del Sur. Los estadounidenses lo iban a proteger a él, al Sah, y así evitar que esto sucediera. Ahora bien, desde hace rato se había decidido que Irán debía ser ocupado. Así podía llevarse armamento al frente ruso a través del Mar Caspio y el Volga.

Turquía

El plan de Churchill de organizar el suministro de armamento a través de Turquía fracasó, pues Atatürk había entrenado y equipado a un excelente ejército de 650.000 hombres. Ni siquiera Churchill se atrevió a meterse con este ejército. En cambio, propuso al presidente turco que se uniera a la guerra contra Alemania y le hizo muchas promesas. Pero la respuesta fue negativa. La amistad tradicional de Turquía con Alemania, que existía desde la época imperial, era más fuerte.

Carta original de Roosevelt

La respuesta que dio Roosevelt a la petición de ayuda del Sah persa contra el ataque británico es interesante. Roosevelt no se avergonzó de escribir lo que todos, y sobre todo el Sah, reconocieron inmediatamente como mentira. A continuación, un aparte de su carta, fechada el 25 de agosto de 1941: "It is certain that movements of conquest by Germany will continue and will extend beyond Europe to Asia, Africa, and even to the Americas, unless they are stopped by military force. It is equally certain that those countries which desire to maintain their independence must engage in a great common effort if they are not to be engulfed one by one as has already happened to a large number of countries in Europe"[6].

Desarrollo de la guerra en el Oriente

El cambio de suerte en Stalingrado, donde las tropas alemanas fueron derrotadas por primera vez, causó un gran furor patriótico. Si bien los rusos sufrieron muchas pérdidas, seguían venciendo a los alemanes. Sin embargo, los Aliados no construyeron un segundo frente al Occidente, como había anhelado Stalin. Solamente cuando Stalin ya había conquistado Rumania y Bulgaria y se encontraba ante las fronteras de Grecia, Churchill se dio cuenta de que su propia supremacía estaba en juego. Él temía que los rusos lograran conquistar Berlín antes que los ingleses y los estadounidenses.

Carta a Stalin

Él quería saber si Stalin sí veía la posibilidad de que esto sucediera y le preguntó con hipocresía: "¿Debemos seguir bombardeando las ciudades alemanas? Existe el peligro de

---

[6] "Es seguro que los movimientos de conquista alemanes continuarán y se extenderán más allá de Europa hasta Asia, África e incluso las Américas, a menos que sean detenidos por la fuerza de las armas. Existe igualmente la certeza de que aquellos países que deseen mantener su independencia deben comprometerse en un gran esfuerzo común si no quieren ser absorbidos uno tras otro, como ya le ha sucedido a un gran número de países en Europa".

que, si iniciamos las negociaciones de paz en Alemania, no quede ningún edificio en el que podamos reunirnos". Stalin reconoció inmediatamente el motivo oculto, la intención real, y respondió: "Sigan bombardeando con tranquilidad. De todas formas, ustedes no van tan rápido. Esto se extenderá por mucho tiempo". Él quería evitar que las potencias occidentales duplicaran sus esfuerzos buscando impedir que él fuera el primero en llegar a Berlín.

Vuelo a Moscú

Sin embargo, Churchill quería asegurarse de que, a pesar de las conquistas de los rusos, las posibilidades de victoria de los Aliados no se perdieran por completo. Decidió entonces volar a Moscú. Una vez allí, se sentó frente a Stalin. Escribió en un papel: "Rumania. Distribución de beneficios: 90 % para Rusia y 10 % para Inglaterra". Él quería que, al menos, el 10 % de los yacimientos petrolíferos de Rumania fueran para Inglaterra (si bien, en ese momento, Rumania ya había sido completamente conquistada por los rusos). Stalin hizo una marca de "visto bueno", una pequeña línea, y luego Churchill arrugó el papel. Churchill estaba muy entusiasmado con esta cooperación. Pero Stalin pensó, ¿por qué debo yo discutir sobre esto con él? Yo fui el que conquistó Rumania, ¿por qué debería dar el 10 % del botín? Los pactos están hechos para romperse. Y entonces, sin darle vueltas al asunto, también puso una marca de "visto bueno" y aceptó dar 10 % de Bulgaria a Churchill. Es más, cuando llegaron al tema de Grecia en este póquer, Stalin estuvo de acuerdo en solo tomar el 10 % y dejarle el 90 % a los ingleses. La lucha por Grecia estaba a la vuelta de la esquina. Ahora bien, la pregunta sobre quién cargaría con esta victoria no tenía nada que ver con un signo de "visto bueno" sobre un papel. Los Balcanes, al final de la guerra, deberían ser repartidos en un 50-50. Pero, en este caso, ningún oponente le puso zancadilla al otro. Tito pudo reconquistar los Balcanes sin ayuda de ninguno de ellos dos o, mejor dicho, él y sus partisanos ocuparon las zonas que los alemanes habían dejado libres sin luchar. Los alemanes partieron sin combatir, pues habría sido inútil persistir en los Balcanes después de haber perdido en el Frente Oriental. Yugoslavia fue neutral en los años siguientes, así que nada de "50-50".

Un maravilloso ejemplo de política internacional.

Churchill estaba entusiasmado con su gran éxito. "Entre más conozco a Stalin, mayor es mi amistad con él", dijo. Pero este entusiasmo no duró mucho tiempo. Se dio cuenta muy rápidamente de que él había sido un ingenuo al creer en la cooperación de Stalin.

Viaje nocturno a casa

Los comentarios de Vladimir, sorprendentes e impresionantes, me dejaron muy confundido. Pero me impresionaron más los comentarios que John intercalaba. John no habría podido decir esto en Alemania, los gritos de indignación no lo habrían permitido. Luego recordé lo que sucedió en la televisión con Eva Herrmann, una popular presentadora. Ella dijo un comentario menor sobre la autopista alemana, pero luego se armó un gran escándalo en toda Alemania.

Crítica

Esta vez fue Houston el que me criticó a mí. Por lo general sucede al revés. Él dijo: "Creo que has adornado un poco la escena. Gracias a Dios, el lector puede verla en YouTube". De acuerdo.

Corrección

Después de esta crítica de Houston quise volver a ver la escena en YouTube, pero ya no estaba allí. Luego, al hablar con un conocido sobre el tema, pude constatar que el escándalo no surgió por lo que ella dijo sobre la autopista alemana. La razón fue otra. Ella opina, y así lo sostiene en su libro, que un niño debe tener un ejemplo a seguir, por lo menos, durante sus primeros tres años de vida, y que, si esta persona es la madre, pues mejor. Este es el resultado de los psicólogos modernos. Por este motivo, ella alegaba que mandar a un niño a una guardería a la edad de un año no era propicio para su desarrollo. Eso fue lo que causó una protesta. Posteriormente, en una discusión televisada, otros panelistas argumentaron que sus ideas estaban muy cerca de una postura nazi. Y ella, ante esta crítica, contestó: "Si una convicción es acertada, pues no va a estar errada. Esto se aplica, incluso, si los nazis compartían esta posición". Esta argumentación es mucho peor que la de la autopista.

Según el conocido mío, las declaraciones anteriores fueron las que condujeron a que ella tuviera que abandonar la transmisión del programa en vivo.

Yo no tuve tiempo de corregir el testimonio de este conocido mío. Tuve entonces que pedirles a mis lectores que ellos mismos se informaran sobre lo que realmente pasó.

Conversaciones después de la medianoche

Como teníamos planeado visitar el castillo de Windsor al día siguiente, decidimos pasar la noche juntos en mi apartamento de Bayswater Road, pues desde allí se puede ir a pie hasta la estación de Paddington y, desde ese punto, tomar un tren directo a Windsor.

Allí, en el apartamento, quise volver a conversar sobre John. Houston ya se había puesto en contacto con él durante su primera visita al Mari Vanna. Era simplemente una persona curiosa y quería saber más sobre él. John pertenecía en los Estados Unidos a un grupo que apoyó a Trump en la campaña electoral. El grupo, conocido como "Friendship with New Germany" ya no existía, ni estaba organizado, pero muchos de sus miembros seguían con vida. John representaba las ideas de Franz Spanknöbel. Este último opinaba que la composición genética de una persona es decisiva para su identidad. Si resumimos sus posturas usando las expresiones de su época, podría explicarse así: la filiación por sangre es más decisiva que el lugar de nacimiento. Con ello quería decir que, si bien muchos estadounidenses de origen alemán habían nacido en los EE. UU., ellos seguían sintiendo un fuerte apego hacia Alemania. Incluso él quería que el alemán se convirtiera en el idioma oficial en algunas partes de Estados Unidos, por ejemplo, en Pensilvania.

Crítica a Houston

Lo que Houston contaba me pareció completamente desconocido, tanto así que le dije lo siguiente: "Apuesto a que no hay nadie en Europa que sepa quién es Franz Spanknöbel. Posiblemente ni siquiera en los Estados Unidos. Uno solo puede leer tus historias si tiene internet a mano". "Tienes razón", contestó Houston, "pero todavía hay personas en Estados Unidos que defienden estas ideas, ideas que son muy afines al nacionalsocialismo. Incluso puedes encontrar a algunos de ellos en el equipo de campaña de Trump".

Untermyer o Untermeyer

Spanknöbel luchó contra Untermyer, quien había propiciado el primer boicot contra los productos alemanes. Una gran manifestación de miles de manifestantes judíos aplastó toda la porcelana de "Macy's", la tienda por departamentos más grande de Nueva York. La porcelana alemana era la más popular entre los estadounidenses ricos. En una de las dependencias de esta tienda por departamentos, los manifestantes encontraron medias de mujer *made in Germany*. Después prendieron fuego a todo el departamento, aunque los propietarios eran judíos.

Reacción

"Alemanes, defendeos: no compréis a judíos." Esa fue la reacción de los alemanes unos días después. La protesta se limitó a dos días. En todas las publicaciones de hoy se muestran fotos y carteles, pero sin hacer referencia a los eventos anteriores en Nueva York.

Guerra santa

Este señor Untermyer proclamó una guerra santa contra Alemania en un discurso radial. Él, después de haberlo consultado con todos los representantes relevantes del judaísmo (es decir, con Rothschild, Rockefeller, Roosevelt y Churchill), anunció que "Judea declares war on Germany". Esto también se publicó en el *Daily Mail*, el periódico más grande del país. 14 millones de judíos de todo el mundo le declararon la guerra a Alemania. Esto sucedió en 1933 y disgustó a los judíos que vivían en Alemania; ellos, por su parte, tomaron distancia, pues veían venir muchas desventajas. Parte de la esencia de una guerra santa es que los vencidos no solo deben ser subyugados, sino completamente exterminados, incluyendo las mujeres e, incluso, todo el ganado. Como el rey Saúl no obedeció este dictamen (y mantuvo vivo al rey de los vencidos), Dios le quitó su gracia y nombró a David como rey y sucesor. El profeta Samuel comunicó las órdenes de Dios. Esto puede leerse en el *Primer libro de Samuel*, capítulo 15, versículos del 2 al 9. Saúl fue rechazado, pues no cumplió este mandato en su lucha contra los amalecitas.

Protección

La protección de un enemigo solo puede tener una finalidad: que las siguientes generaciones de Israel no desaprendan el oficio de la guerra. De esta manera, como todavía quedan muchos enemigos, las generaciones venideras tendrán la oportunidad de matarlos. Así se describe en el libro de *Jueces*, capítulo 11, versículo 24.

El Séptimo Día
Windsor Castle (7.1)

El sexto día había sido muy largo y agotador y, por ello, queríamos tener una especie de domingo. Tomamos entonces, sin ningún plan específico, el último tren de la mañana en Paddington Station en dirección a Windsor Central. Queríamos echarle un vistazo, con total tranquilidad, al Windsor Castle y al Windsor Park.

Si bien yo he ido varias veces a Londres, pero siempre por pocos días, todavía no había tenido la oportunidad de visitar este famoso castillo. No tenía idea de lo grande que es. Por eso, cuando todo el complejo de edificios yacía ante mis ojos en toda su extensión, me sentí completamente abrumado.

Inicios históricos

La antigüedad de este lugar también me sorprendió. Incluso Guillermo el Conquistador había construido un castillo de madera aquí mismo, en un montículo artificial de tierra. El punto de referencia del castillo, Round Tower, que incluso es visible desde lejos, todavía se encuentra sobre esta "mota castral". En torno a ella se agrupan las fortificaciones medievales y los patios superiores e inferiores, lugares en los que se desarrollaron las cámaras reales a lo largo de los siglos.

Mil años

El castillo de Windsor tiene una antigüedad aproximada de 1000 años. Es, por lo tanto, el castillo del mundo que ha sido usado ininterrumpidamente por más tiempo. Está constantemente en construcción: se cambia algo, se añade algo nuevo, a veces más que una fortaleza. Este lugar, en tiempos de paz, era una residencia magnífica.

Portal principal

Por supuesto, Enrique VIII también dejó sus huellas aquí. Él diseñó el impresionante portal principal. Sobre el arco y el portillo se encuentra el escudo de armas con granadas de su primera esposa, Catalina de Aragón.

Cárcel

Pero a su pequeño hijo Edward, el único sucesor masculino en el matrimonio, no le gustaba estar en Windsor. Cuentan que él decía lo siguiente: "No hay galerías ni jardines para caminar. Es como una cárcel".

Un lugar seguro

Pero su media hermana, Isabel, consideró que este era un lugar seguro cuando se hizo reina. Ella se sentía protegida en este lugar de sus opositores católicos, quienes intentaron asesinarla varias veces. Ordenó construir una galería techada sobre la terraza norte. Y así ella creó, por primera vez, algo similar a un jardín de invierno.

Cuartel general de Oliver Cromwell

Sus tropas parlamentarias conquistaron el castillo durante la Guerra Civil inglesa. Y, posteriormente, Oliver Cromwell estableció su cuartel general en este lugar. Ahora bien, como él no podía pagarle a sus tropas aquí estacionadas, él autorizó a los soldados a que saquearan el castillo.

Ruperto del Rin

El castillo de Windsor era el símbolo de la monarquía inglesa. Ruperto del Rin, esposo de Isabel, la hija del rey inglés Carlos I, quiso ayudar a su suegro. Pocos días después de que Cromwell tomara la fortaleza, Ruperto del Rin vino con sus tropas a Windsor, pero no pudo reconquistar el castillo.

Carlos Estuardo

Nosotros teníamos una audioguía, pero Houston conocía muy bien el lugar y agregó muchos detalles. El poeta barroco alemán Andreas Gryphius, contemporáneo de Carlos I, escribió una tragedia en estilo clásico sobre su muerte. Esta obra es, por así decirlo, la primera tragedia griega escrita en alemán, pues cumplió la norma de mantener la unidad en tres aspectos: unidad de lugar, tiempo y acción. Llamó a su tragedia *Die ermordete Majestät* ("La Majestad Asesinada"). Un protestante alemán glorificaba a un monarca inglés, amigo de los católicos, como mártir de la fe. Ahora bien, Carlos I había apoyado a la Liga Protestante: el Rey de un solo Invierno, su yerno, era su líder. Así, en tiempos de guerra, todos los frentes suelen ser borrosos.

Funeral secreto

El protestantismo ha prevalecido en Inglaterra. Carlos I fue capturado por Cromwell y ejecutado frente a la Banqueting House en Londres en 1649 (un año después del final de la Guerra de los Treinta años en Alemania). Pero sus discípulos leales llevaron su cuerpo en secreto a Windsor. Carlos I, favorecido por una noche oscura, fue enterrado sin ceremonia junto al ataúd de Enrique VIII y de su tercera esposa, Juana Seymour. Cromwell y su gente nunca se dieron cuenta. La tumba sigue existiendo, hasta hoy.

La reina Victoria

Ella y el príncipe Alberto hicieron de Windsor su residencia principal. Después de este, Victoria se recluyó en la lejanía y soledad del castillo. Luego ella ordenó que se construyera un mausoleo cerca de Frogmore House, donde ella y Alberto serían enterrados.

Reina María

El castillo permaneció deshabitado por mucho tiempo. María de Teck, esposa de Jorge VI, tuvo un matrimonio muy corto con él y eligió este castillo como su residencia cuando el rey murió. Entre las atracciones turísticas del castillo se cuenta la casa de muñecas que ella construyó.

Abdicación de Eduardo VIII

El discurso de abdicación de Eduardo VIII, que fue transmitido por la radio, fue pronunciado en una de las salas del Castillo de Windsor.

Un secreto bien guardado

Durante la Segunda Guerra Mundial, la dinastía Windsor se alojó oficialmente en el Palacio de Buckingham. Pero las pequeñas Isabel y Margarita fueron llevadas al castillo de Windsor para que estuvieran seguras. Durante el día, el rey y la reina estaban en el Palacio de Buckingham, pero regresaban a Windsor en la noche. Por razones de propaganda, volvían a Londres en las mañanas.

Lugar de retiro de Isabel II

Isabel II, inmediatamente después de su coronación, decidió vivir en Windsor los fines de semana. Hoy en día, el estandarte real británico sirve para indicar en cuál de los dos castillos está.

Capilla de San Jorge

Esta capilla es la tumba más importante de los reyes ingleses, después de la abadía de Westminster. Como ya oímos, Enrique VIII, su esposa Juana Seymour y el rey Carlos I están enterrados allí. Allí también yacen Jorge III, Jorge IV, Jorge V y su esposa, la reina María, y Jorge VI, con la reina Madre, los padres de la actual reina Isabel.

Esta capilla es también la iglesia gótica más bella de Inglaterra, a la par de la catedral de Canterbury.

Traslado del cuerpo de Jorge, primer duque de Kent

Jorge, el hijo menor de Jorge V, murió el 25 de agosto de 1942 en un atentado ordenado por Churchill. En ese atentado también murieron ocho de sus confidentes más cercanos. Por supuesto, no se le permitió ser enterrado en la Capilla de San Jorge. Sin embargo, después de la muerte de Churchill, la familia real trasladó su cuerpo aquí, a donde también pertenece.

Inmolación

El papel de este hombre, y de su compromiso por poner fin a la Segunda Guerra Mundial, solo podrá comprenderse en su totalidad cuando se revele el secreto que rodea el vuelo de Rudolf Hess.

Idea espontánea

Y allí, estando frente a la tumba, Houston tuvo una ocurrencia espontánea: ir juntos al restaurante Couscous Darna. Él conoce a un mesero que trabaja allí y que podría contarnos muchas cosas interesantes sobre Hess.

Couscous Darna (7.2)

Mohamad

El nombre de este mesero es Mohamad. Nació en Sidi Bou Said. Este puerto queda cerca de la frontera con Argelia, no lejos de Bizerta, la última estación militar que tuvo Francia antes de que Túnez se independizara en 1958. Mohamad alcanzó a aprender francés en su tierra natal y trabajó inicialmente en Marsella. Pero los norteafricanos no son bienvenidos allí. Así que se trasladó a Inglaterra, donde ha vivido durante muchos años. El Couscous Darna es uno de los restaurantes favoritos de Houston que, como buen soltero empedernido, casi nunca cocina. Se conoce desde hace años con Muhamad y se han hecho buenos amigos.

Coincidencia

El último cuidador de Rudolf Hess en Spandau también era tunecino. Él nació en 1942 en el mismo pueblo de la familia de Muhamad. Su nombre es Abdallah Melaouhi. Después de la muerte de Hess apareció en varios eventos e incluso en programas de televisión, también en Inglaterra. Por este motivo, Muhamad y Abdallah pudieron reestablecer un contacto que se había roto con los años.

Merguez

Ahora bien, primero debíamos pedir la comida. Y, por supuesto, ordenamos cuscús y el merguez, estos sabrosos chorizos, un alimento básico en el norte de África árabe y en la cocina francesa. El restaurante tenía pocos clientes durante ese mediodía y, por eso, Mohamad pudo sentarse varias veces en nuestra mesa a conversar con nosotros.

Fin de la era colonial

Al principio no conversamos sobre Hess, sino sobre las luchas tunecinas para acabar con la dominación colonial francesa. Mohamad y Abdallah habían presenciado estas luchas cuando eran niños. Es más, Abdallah escribe ampliamente sobre este tema en su libro sobre los últimos años de Hess. Allí narra cómo su padre murió y tampoco oculta que fue torturado brutalmente por los franceses.

Título del libro

El título del libro es *Rudolf Hess: His Betrayal and Murder*, que fue traducido al español como "La muerte de Rudolf Hess. 'Yo miré a sus asesinos a los ojos'". Mohamad nos confirma que Abdallah no sospecha, sino que está completamente convencido, como testigo presencial, de que Hess fue asesinado. Él es, probablemente, el único testigo vivo que no estuvo involucrado en el crimen. Fue estrangulado por dos "gorilas" musculosos que vestían uniformes estadounidenses muy apretados. Jordan, un guardia estadounidense, recibió a Abdallah y le informó sobre la muerte de Hess con estas palabras: "el cerdo está despachado".

Recepción con champán

Los hombres detrás del asesinato, 3 gobernadores occidentales, bebieron champán con algunos oficiales cuando el cuerpo de Hess llegó al casino de oficiales y se confirmó que el servicio secreto inglés había completado con éxito su tarea.

Razón del asesinato

¿Por qué asesinaron a un hombre de 93 años? Hess era el último prisionero en esta enorme construcción. Docenas de guardias, personal de enfermería y representantes de las Cuatro Potencias Vencedoras tenían como misión asegurarse de que nadie pudiera contactar con Hess. A las personas que lo cuidaban se les había prohibido tener ciudadanía alemana y hablar con él. Los guardianes se encargaban, a toda hora, de mantener al preso completamente aislado.

Número 7

La gente no podía dirigírsele por su nombre, sino que debían llamarle "Número 7". En los periódicos que llegaban a sus manos se habían tachado, previamente, todos los artículos que tenían que ver con política. Hess no podía recibir ninguna información sobre lo que estaba pasando en el mundo. Él nunca pudo averiguar que las zonas de ocupación se habían unido para formar una República Federal, ni que hubo un Konrad Adenauer, ni que Stalin, y luego Churchill, habían fallecido. Solo se le permitía leer sobre deportes y catástrofes naturales. Durante muchos años se le prohibió tener contacto con su familia. Al final de su vida, cuando finalmente se permitió que su hijo Wolf Rüdiger Hess lo visitara, había siempre dos hombres parados al lado y vigilándolos, pues ellos debían asegurarse de que la conversación solo versara sobre comida, ropa y problemas de salud.

Escrito

Todo lo que Hess escribía, a veces en rollos de papel higiénico, era guardado bajo llave todos los días. Se temía, obviamente, que Hess pudiera divulgar algo que el servicio secreto inglés hubiera preferido ocultar. Como es obvio, también fue sometido a tratamientos con fármacos psicotrópicos que buscaban apagar su memoria. Esta vigilancia costaba millones; y los que pagaban no era los guardias, por supuesto, sino los contribuyentes alemanes.

Gorbachov

Las cuatro potencias victoriosas se turnaban, una vez al mes, la vigilancia de Hess. Pero esto se detuvo cuando Gorbachov anunció que consideraba indigno seguir reteniendo a un prisionero de 93 años en tales circunstancias después de tantos años. Quiso liberarlo en Navidad.

"Ahora me matan"

Se dice que Hess, quien solo quería poder volver con su familia, le dijo espontáneamente a su hijo: "Ahora me matan". Todo rondaba, siempre, en torno a un secreto que no podía ser revelado. Ahora bien, como el servicio secreto inglés quería evitar que este secreto se divulgara, no encontró otro medio para hacerlo que asesinar a Hess antes de que lo liberaran y tuviera la oportunidad de hablar.

Secreto

¿Se trataba de una idea fija, de una paranoia de Hess?, ¿o había realmente algo que el servicio secreto inglés quería evitar, a toda costa, que se diera a conocer?

Haushofer

Yo recordé una situación paralela. El padre de su joven secretario, el profesor Haushofer, que estaba a cargo de todos los preparativos para el vuelo de Hess y había establecido contacto con los "golpistas" ingleses, iba a testificar sobre el caso Hess en los Juicios de Nurémberg. Dos días antes de la fecha estipulada para su testimonio, él y su esposa fueron asesinados por el servicio secreto británico en su granja remota en los Alpes bávaros.

Suicidio falso

Este doble homicidio se presentó como un suicidio. Obligaron a Haushofer a escribir que él y su esposa querían suicidarse. Luego los obligaron a tomar arsénico y arrastraron los dos cadáveres a un pequeño bosque, donde el cuerpo de la mujer fue colgado posteriormente. Luego quisieron colgar el cuerpo de Haushofer en un árbol, pero hubo algo que dificultó la situación; entonces, prefirieron dejar el cuerpo de Haushofer apoyado sobre el árbol, pero con la soga al cuello.

Mosaico

Mi amigo Houston desconocía estos eventos. Y Mohamad también. Pero así se añaden las piezas, hasta completar un mosaico.

Campaña en África del Norte

Mohamad luego nos contó mucho sobre lo que aprendió de sus padres acerca de la Campaña alemana en África del Norte. En el libro de Melanouhi también se pueden encontrar detalles interesantes al respecto. Rommel era muy apreciado por los árabes. Cuando los Aliados lograron llegar a Túnez, ellos trasladaron a los soldados alemanes, heridos e incapaces de huir a tiempo, disfrazados con burkas, y así los mantuvieron hasta que las fuerzas estadounidenses se retiraron. Luego, llevaron a los alemanes hasta la costa, salvando así las vidas de muchas personas que, de otra manera, seguramente habrían fallecido. Los soldados ingleses y estadounidenses eran odiados por los árabes, pues se habían comportado muy arrogantemente, como gobernantes coloniales.

El Alamein

Allí fueron recogidos todos los prisioneros alemanes. Churchill y Eisenhower habían inventado una forma infame de matar a estos prisioneros. Como dejar que se murieran de hambre tomaba un tiempo relativamente largo, prefirieron crear un campamento colectivo en pleno desierto arenoso en un lugar sin sombras. Los prisioneros tenían que desvestirse completamente. Se suponía que el sol africano quemaría su piel indefensa hasta que fuera mortal. Esto resultaba particularmente indignante para los árabes, pues el Corán estipula que un hombre debe cubrir su desnudez desde el ombligo hasta la rodilla. "Mirad cómo nuestros gobernantes coloniales, que han recuperado el poder, tratan a la gente". Así protestaron algunos periodistas árabes y dieron a conocer el plan de los estadounidenses y británicos en todo el territorio, llegando incluso a las grandes ciudades. La indignación de la población fue tan grande que las potencias vencedoras se dieron cuenta de que habían perdido todo el respeto de la población, lo que les llevó a distanciarse de este método de destrucción de los vencidos.

Aglomeración de clientes

El restaurante, poco a poco, se había ido llenando de clientes. Y Mohamad tenía que atenderlos. Pero él nos recomendó leer el libro de su compatriota. Es completamente fiable y ha sido reeditado varias veces. Ha sido traducido al francés y también al alemán.

Wunsiedel

Los padres de Rudolf Hess tenían una casa de vacaciones en este remoto e idílico pueblo. Él quería ser enterrado allí. Sobre su lápida se gravó la frase "Ich hab's gewagt", tal como él lo quiso. La familia habría preferido mantener esta tumba como un lugar conmemorativo, pero después de 20 años hubo que hacer un cambio. Las autoridades competentes temían que pudiera convertirse en un "lugar de peregrinación" para los nacionalsocialistas. Los restos mortales tuvieron que ser exhumados y quemados. Las cenizas fueron esparcidas por el mar, evitando así que hubiera un lugar que conmemorara a este hombre. Los recuerdos sobre él también debían borrarse. Orwell llama a esto "vaporizar".

Spandau

El enorme edificio de ladrillo, uno de los pocos edificios históricos de Berlín que sobrevivió a la lluvia de bombas, fue demolido un día después de la muerte de Hess. Luego de ello, toda la zona fue usada para un supermercado inglés. No se le consultó al gobierno alemán. De todas formas, no habrían tenido nada que decir. Alemania todavía no tiene tratado de paz. Según Churchill, nunca debería firmarse un tratado de paz con Alemania, pues es mejor que permanezca ocupada indefinidamente. Las zonas en las que viven los ocupantes son extraterritoriales. Y estas zonas no están sujetas de ninguna manera a la administración alemana.

Shukran jazilan

Mohamad sacó un poco de tiempo para traernos el libro de su compatriota. Lo hojeamos un poco. En la contraportada hay una foto de este simpático musulmán. La relación de confianza entre Hess y Abdallah comenzó cuando Hess, después de haber recibido un masaje de Addallah, le dijo "shukran jazilan" (que quiere decir "muchas gracias"). Addallah, al principio, no reaccionó, pues estaba confundido. Él creyó haber oído mal. No podía ser que Hess hablara árabe. Hess notó su confusión y luego dijo: "Yu jadu fi nahri mä lä Yujedu fi-el bah-rie". En árabe, esta frase es un aforismo filosófico que puede ser interpretado de muchas maneras. Al traducirse, quiere decir lo siguiente: "La riqueza del mar no existe en el río, y la riqueza del río no existe en el mar".

Gracias a ello, Hess y Abdallah podían hablar en árabe sin que los guardias lo impidieran. Luego, cuando le preguntaron a Abdallah sobre el significado de estos ruidos, él contestó: "Todos sabemos que está mal de la cabeza. Le sigo la corriente para que no se altere".

Hebreo

Gabel, el párroco francés de la prisión, quien también era amigo de Abdallah, le confesó que Hess leía la Torá con él. Hess tenía mucho interés en la historia del pueblo judío. Él también pudo comparar muchos términos en hebreo y árabe. Es sabido que las palabras "salam" (árabe) y "shalom" (hebreo) quieren decir "paz" y que ambas provienen de una lengua semítica común. El nombre de su dios era "Eloah" (hebreo) y "Alá" (árabe) antes de que Moisés impusiera el nombre de "Yahvé". El progenitor común de ambos pueblos es Ibrahim (árabe), o Abraham (hebreo), y su tumba en Hebrón tiene dos entradas: una a la derecha, para los judíos, y otra a la izquierda, para los musulmanes.

Alejandría

"¿Cómo se explica que Hess hablara árabe?", pregunté. Él nació en Alejandría y pasó toda su infancia y juventud en Egipto. El árabe fue su segunda lengua materna. Su padre era comerciante. En su casa, obviamente, el pequeño hablaba en alemán con sus padres. Pero todo el personal de servicio, como el cocinero, el jardinero, el cuidador y la encargada del servicio, eran egipcios. Los niños aprenden idiomas de forma especialmente rápida y sencilla. Por este motivo, al pequeño Rudolf no le resultaba difícil comunicarse en árabe con su entorno y con los niños del vecindario. Hess tenía 16 años cuando su padre volvió a Alemania. Él quiso conservar sus conocimientos de árabe y, además, también aprendió a leer y escribir en ese idioma.

Relajación

Nuestra pausa del mediodía en el restaurante Couscous Darne acabó extendiéndose largamente. Si bien toda esta información era interesante, algunas cosas eran muy deprimentes. Decidimos entonces relajarnos de manera oriental y visitar un baño turco, un hammam otomano. Queríamos ir a un baño como el de un pachá. El mundo musulmán, en las alegrías corporales de este mundo, es muy superior al nuestro. Houston no tuvo dificultad en encontrar lo mejor de este tipo en Londres.

En Zaibatsu (7.3)

Luego de tomar un "relax" prolongado en el bar del pachá quisimos visitar un restaurante en la tarde. Houston conocía bien las conexiones de transporte más rápidas. El restaurante japonés que sugirió está río abajo en el Támesis, en Greenwich. Los japoneses saben cómo preparar alimentos sabrosos y ligeros para el estómago. Me alegró la idea de ir allí. Yo había ido una vez a Japón y había quedado con muy buenos recuerdos de la comida. Además, Houston también conocía a un camarero japonés de este restaurante, quien podía darnos excelente información sobre la guerra en el Pacífico. Su padre había participado en la conquista de Singapur; sin embargo, luego terminó en una cárcel inglesa y fue enviado a Inglaterra. Una vez fue liberado, decidió quedarse allí. Haruto, su hijo mayor, nuestro camarero y copropietario del restaurante, tiene una madre inglesa. Pero no ha olvidado sus raíces paternas y suele ir con frecuencia a Tokio a visitar a su familia.

Singapur

De él aprendimos que los ingleses estaban orgullosos, y Churchill en particular, de convertir a Singapur en una gigantesca fortaleza. Querían que fuera la más grande del Lejano Oriente. Por eso, cuando la fortaleza cayó el 15 de febrero de 1941, Churchill dijo que este momento era "El peor desastre y la mayor derrota de la historia británica". Se había construido esta fortaleza para que fuera impresionante y se mantuviera inexpugnable. 80.000 soldados, británicos, pero también malayos, indios...se habían desplegado allí. Algunas fuentes hablan incluso de 130.000.

El jefe militar encargado por Churchill había dispuesto los cañones a orillas de la isla y los había colocado apuntando hacia el mar. De esta manera, se impedía que las naves japonesas entraran por allí. Por este motivo, los japoneses prefirieron invadir la isla por tierra, usando un puente estrecho que la conecta al norte con el continente y que era custodiado, únicamente, por 200 soldados. Los cañones no se podían girar y, así, 30.000 japoneses conquistaron la gigantesca fortaleza en 3 días. La historiografía oficial dice: los británicos no pudieron resistir la abrumadora supremacía de los japoneses. (Esto solo remite a los 200 soldados que vigilaban el puente. La verdadera comparación, de 130.000 a 30.000, suele pasarse por alto).

Plaga de ratas

El caso de Singapur ha sido silenciado oficialmente. Pero para evitar cualquier glorificación de los crímenes de guerra japoneses, se corrió el rumor de que los japoneses habían preparado una guerra biológica en Singapur y que habían criado ratas infectadas, causando así una plaga.

Temores agitados

La prensa británica agitó temores presentes en la historia inglesa, pues resaltó que los japoneses, en sus deseos de expansión, podían llegar hasta las Islas Británicas. Según la prensa, había que construir un baluarte antes de que la flota japonesa avanzara en su expansión; es decir, antes de que pudiera circunnavegar las carreteras de Malaca, el extremo sur de la India y el Cabo de Buena Esperanza desde África y, además, de que pasara por la costa oriental en dirección a España, Portugal y Francia y pudiera invadir aguas británicas. En lo posible, este baluarte debía ser erigido en la primera etapa de esta expansión en Singapur, frente al estrecho.

Comparación

La amenaza de los japoneses a Inglaterra era tan real entonces como lo es hoy la amenaza de Corea del Norte a los Estados Unidos. Kim Jong-un, el "hombre de los misiles", tiene un misil que, en el mejor de los casos, podría volar sobre el Océano Pacífico y llegar a la costa occidental de los Estados Unidos. Si el misil va al doble de velocidad que el sonido, necesitaría cuatro horas, lo que supondría un tiempo suficiente para derribarlo. El peligro es demasiado grande para el gobierno estadounidense, dicen, pues el dictador norcoreano podría construir más misiles: "Hay que defenderse desde el principio". Lo más seguro sería empezar una guerra de inmediato.

Propósito de la fortaleza de Singapur

El padre de Haruto comentó que llevar las tropas japonesas a Singapur tenía como fin prepararse para una eventual invasión a China. O, al menos, eso le dijo a su hijo. Los británicos habían dividido su zona de influencia con los EE. UU. de tal manera que Shanghái y el río Yangtsé designaran la frontera entre las zonas de poder. La parte norte, con Pekín y Nankín, podía ser robada por los Estados Unidos; y la parte sur, con Hong Kong y Macao, debía pertenecer a los ingleses.

Guerra por poder

Japón, en un principio, no era considerado en esta repartición de los territorios. Solo se planeaba destruir a China y debilitar sus fuerzas armadas para facilitar la conquista por parte de las dos potencias aliadas. Japón, por consiguiente, solo resultaría afectado indirectamente en esta guerra por poder. Pero Roosevelt y Churchill habían cometido un error: no fue Chiang Kai-shek, con sus mil millones, sino Japón, con solo 100 millones de habitantes, el que ocupó amplias áreas de China continental.

Así es, al menos, como los japoneses ven la Segunda Guerra Mundial, según señaló Haruto.

Resultado: Roosevelt y Churchill tuvieron que intervenir en la guerra. El resultado final fue que Japón fue derrotado; pero la conquista de China no era viable. Este gigantesco imperio fue finalmente perdido por los ingleses y los estadounidenses, pues Mao Zedong, aliado con Stalin, expulsó el Generalísimo Chiang Kai-shek del continente y lo envió al pequeño Taiwán.

Los Sassoon

Sin embargo, las grandes potencias ya habían "puesto un pie" sobre la rica China por medio de la familia más rica de la zona: los Sassoon. Provenían de judíos de Bagdad que Rothschild había traído a la India y que, en su nombre, se habían hecho cargo del comercio mundial de opio y se habían convertido rápidamente en la familia más influyente y rica de China (al tiempo que mantenían lazos estrechos con los Rothschild).

Opio

Inglaterra había ganado dos guerras contra el emperador chino, quien quería evitar que el pueblo chino se arruinara por la venta forzada de opio. Pero Inglaterra ganó y, por ello, la venta abierta de opio tuvo que ser permitida por el emperador chino. Así pues, el comercio de opio en China resultó siendo "legal". Sin embargo, los Rothschild no querían comerciar con opio a nombre propio, pues el tráfico de drogas se considera, en última instancia, de mala reputación. Al igual que hoy. Por lo tanto, los Sassoon (y no los Rothschild) se encargaron oficialmente de este negocio.

Comercio mundial

Los Sassoon vendían opio a todo el mundo desde Shanghái, particularmente a la India. Los campos de amapolas se encontraban en Myanmar, en el Triángulo de Oro, que también era una colonia inglesa. Myanmar fue ocupada en la Segunda Guerra Mundial por los japoneses, pues allí estaba la línea de abastecimiento para los militares ingleses, quienes buscaban tener una conexión con China desde la India (pues Singapur y Hong Kong ya habían caído en manos de los japoneses el 6 de mayo de 1942).

Río Kwai

El puente sobre el río Kwai, una película famosa que tiene una melodía muy conocida, muestra cómo los prisioneros ingleses de Singapur tuvieron que construir el puente sobre el Kwai. El padre de Haruto comandó a los prisioneros ingleses en su marcha hacia allí.

Billy

En ese momento interrumpí a Haruto, pues recordé que yo había conocido a un prisionero inglés de Singapur, Billy, durante un viaje a España. Él también fue obligado a participar en la construcción del puente y solo fue liberado del cautiverio japonés después del final de la guerra. Le pregunté si era cierto que los japoneses habían tratado tan mal a sus prisioneros o, mejor dicho, si era cierto que habían cometido crímenes de guerra tan enormes como los que se comentan hoy en día. Le pregunté específicamente: "¿Usted recibió golpes?" Y su respuesta me sorprendió: "Mencione usted una ciudad en la que los soldados no hayan recibido golpes". Billy, en mi opinión, quiso reivindicar a los japoneses. También me habría sorprendido que la representación estadounidense de los japoneses durante la guerra hubiera sido veraz. En mis viajes a Japón, yo mismo he notado que no hay nación en la tierra más amistosa, cercana y sensible que los japoneses. Es la comunidad más civilizada de nuestro planeta.

Myanmar

Los ingleses también perdieron este rico territorio después de la partida de los japoneses. Los Sassoon perdieron sus campos de opio y, poco después, todos sus palacios en el centro de China. Ellos viven, hoy en día, en las Bahamas. No tienen problemas de dinero. Ahora bien, todavía había una disputa entre Roosevelt y Churchill. Roosevelt quería recuperar

Myanmar. Roosevelt opinaba que era preferible hacer negocios con el opio a seguir luchando en Europa, pues este continente estaba destruyéndose con la guerra. Pero Churchill consideraba que era más importante intervenir en el continente europeo, pues así se podía evitar que Stalin siguiera conquistando territorios y llegara hasta la costa del Canal de la Mancha, a las puertas de Inglaterra. Roosevelt, tiempo después, tuvo que ser obligado a aceptar la importancia de cruzar el canal. Entonces, en contra de sus convicciones, el día D resultó siendo más importante que los campos de amapolas en Myanmar.

La guerra en el Océano Pacífico

Los estadounidenses libraron la guerra, principalmente, contra la población civil. Los hombres japoneses estaban obligados a combatir contra los chinos en la China continental y, simultáneamente, los estadounidenses bombardearon las ciudades japonesas en las que las mujeres con sus hijos se habían quedado atrás. La necesidad de materias primas obligó a los japoneses a buscar yacimientos de petróleo y acero en otros terrenos, pues en su isla no había. El teatro de la guerra se extendió ampliamente desde el norte de China y Manchuria, hasta Indonesia y las Filipinas.

Bombas atómicas

Los japoneses quisieron acordar la paz varias veces, pero estos acercamientos siempre fracasaban, pues los estadounidenses querían una rendición incondicional, como la de Alemania. El objetivo era el genocidio de Japón. Cuando cayeron las bombas atómicas, todo el continente asiático estaba todavía ocupado por los japoneses victoriosos: en Myanmar, en Indochina, en las Filipinas y en Indonesia. Después de la rendición, los japoneses se retiraron del continente (algunas veces, varias semanas después) sin haber sido realmente derrotados. Una victoria final habría sido inútil si todas las mujeres y los niños hubieran muerto en casa.

Cambio

En un principio, los estadounidenses seguían aplicando la política de exterminio del pueblo japonés. Sin embargo, cuando los aliados chinos de Chiang Kai-shek fueron expulsados por Mao Zedong, aliado de Stalin, ellos cambiaron de posición: los japoneses volvieron a ser necesarios para los estadounidenses, esta vez como aliados contra el comunismo. Algo muy similar a lo sucedido en Alemania, donde incluso se reintrodujo el reclutamiento y se creó un ejército que pudiera ayudar en la guerra contra Stalin.

Relaciones de Japón con Alemania

La fraternidad de armas de los dos pueblos, Japón y Alemania, sigue siendo oficialmente tabú. Pero hay muy buenas relaciones culturales y económicas entre las dos naciones. Mi viaje a Japón es uno de mis recuerdos y experiencias más bellos. La cocina japonesa también ha llegado a nuestra casa. Cerramos este séptimo día con buen brandy de ciruelas y nos despedimos de Haruto, que había sido muy amistoso.

El octavo día
Hampstead Station (8.1)

Habíamos sido invitados a la casa de Lizzy. Ella había leído mi libro y quería conversar conmigo sobre él; y, por supuesto, también con Houston, pues casi todas las historias provienen de él. Yo solo había llevado sus historias al libro. Para evitarnos tener que buscar su casa, acordamos encontrarnos en un pub cercano. Lizzy había sugerido "Spaniards Inn", un pub muy antiguo y tradicional, al que Keats y Dickens iban con frecuencia. De allí planeaba llevarnos a dar un paseo por su adorado barrio, pues quería mostrárnoslo antes de que fuéramos a su casa. Hoy éramos solo tres, pues íbamos a conversar sobre la primera parte del *Decamerón londinense*.

Paseo

Lizzy conocía muy bien el lugar. Siempre conocía el camino más corto para llegar a las casas más interesantes y mostrarnos dónde vivieron personalidades especiales para ella. No hay otra parte de Londres en la que hayan vivido tantas personalidades importantes como aquí. Casi todas las casas tienen una "blue plaque", es decir, una placa conmemorativa con el nombre de una celebridad que vivió en ella. Por eso, un recorrido por este lugar despierta muchos recuerdos. Las líneas claras de la casa de Keats, el gran poeta romántico, recuerdan a sus versos casi clásicos. Constable, el gran paisajista, se sentía como en casa en este entorno casi rural. Pero también Galsworthy, el novelista, prefirió esta zona a cualquier otro distrito de Londres. La familia de artistas de George du Maurier se mudó a Hampstead varias veces. El hijo Gerald y la famosa hija Daphne du Maurier crecieron allí y luego se mudaron allí. También artistas extranjeros como Anna Pávlova o el pintor inglés Dante Gabriel Rossetti... Incluso Sigmund Freud durante el exilio (su casa es ahora un museo) y Charles de Gaulle encontraron refugio allí con su familia durante la Segunda Guerra Mundial. D.H. Lawrence, Edgar Wallace, Jan Fleming, H.G. Wells. Actores como Peter Ustinov, Kate Winslet, Jonny Depp, Elisabeth Taylor y Richard Burton. Cantantes como Rod Stewart o Amy Winehouse... En este lugar sí que se puede disfrutar de los recuerdos.

George Orwell

Para Lizzy era muy importante vivir cerca de su escritor favorito: George Orwell. Su novela distópica, *1984*, había vuelto a tener buenas ventas en los Estados Unidos. Sus aterradoras visiones del futuro, llevadas al papel, se están haciendo realidad en nuestro tiempo en formas sorprendentes e impredecibles.

Rebelión en la granja

Orwell, después de haber fracasado en sus inicios literarios, obtuvo su primer gran éxito con esta fábula política. Es una sátira sobre el régimen de Stalin. Es más, yo me acuerdo todavía bastante bien de su argumento. Tuve que leer esa obra en clase de inglés. Nuestro profesor tomó un riesgo con nosotros, los principiantes, y nos dio a leer ese libro. La fábula de Orwell es adecuada para estudiantes porque tiene oraciones muy sencillas y el argumento es fácil de seguir.

"Homage to Catalonia"

Este es el título de una de sus primeras obras. Durante la guerra civil española, Orwell trabajó como periodista para la BBC (British Broadcasting Corporation) en Cataluña. Lizzy quería hablarnos primero sobre ello. Pero nosotros, antes que esto, queríamos explorar Hampstead Heath. Es la elevación más alta de la ciudad, tiene 134 m sobre el nivel del mar y es 6 m más alta que la cima de la cruz en la Catedral de St. Paul. Desde esta colina se tiene una vista panorámica maravillosa de toda la metrópolis londinense. Heath es una palabra antigua para "brezal". Esto implica que el paisaje ha sido conservado en su forma original. Por lo tanto, este enorme parque es algo muy especial: un paisaje primitivo. Algo único en medio de una ciudad cosmopolita.

Fin del paseo

Lizzy había dispuesto que fuéramos a su casa después del paseo. La casa no es suya, pero pudo alquilarla a muy buen precio. El foco de su casa estaba, por supuesto, en la sala de música, donde había un piano de cola Steinway & Sons.

"Ella, elle l'a" (8.2)

Ella, para darnos la bienvenida, se sentó al piano y cantó el gran éxito de France Gall, *Ella, elle l'a*, un homenaje a Ella Fitzgerald. También es uno de mis éxitos favoritos. Esta recepción fue, verdaderamente, muy evocadora. Luego me preguntó por qué yo no había mencionado, al final de la primera parte del *Decamerón londinense*, que ella había cantado *Summertime* de Ella Fitzgerald para cerrar la noche. Durante esa noche, Douglas nos había sorprendido improvisando un acompañamiento con trompeta para esta canción.

Mi explicación fue muy sencilla. Yo sí quería terminar la primera parte del libro con esta canción; pero, como el texto estaba en la última página, fue omitido accidentalmente. Y posteriormente, cuando el texto fue convertido a pdf, no apareció impreso. ¡Qué rabia! Ella elle l'a, elle l'a, ... Ella, esta talentosa cantante, tiene un, tiene un... Ella tiene *cet indefinissable charme*, ese encanto indescriptible. Ella, elle l'a, elle l'a.

Personaje de una novela

Lizzy había leído la primera versión de las historias londinenses. Ya habían pasado varios meses entre su publicación y este día. La historia fue dividida en días siguiendo un principio de composición, pero no necesariamente sigue una secuencia cronológica. Lizzy nunca había aparecido como personaje en un libro. Ella nos confesó que, al verse retratada por primera vez en una obra literaria, surgieron en ella sentimientos muy extraños. En el quinto capítulo, que habla sobre el vuelo de Hess, Douglas nos presentó a su pareja por primera vez.

Motivo de la invitación

La verdadera razón de la invitación de Lizzy, sin embargo, fue otra. El pasaje al principio del libro en el que se discuten las cuatro libertades había llamado su atención. El meollo de nuestra discusión durante el paseo por Hyde Park había sido este: la ausencia de miedo, combinada con la promesa de crear un mundo de paz sin armas, como se estableció en la fundación de las Naciones Unidas. Nuestro debate acabó cuando concluimos que estaba pasando todo lo contrario en la política mundial. Lizzy luego nos preguntó si nosotros creíamos que Orwell se había planteado estas cuatro libertades de la misma manera. Él había creado, en *1984*, cuatro ministerios que se corresponden con estas cuatro libertades. La ausencia de miedo, *Freedom from Fear*, se había convertido en el Ministerio de la Paz, *Ministery of Peace*. El estado de Oceanía (el Imperio Británico Unido con Canadá, Australia, Estados Unidos y todas las ocupaciones en el extranjero) había creado este Ministerio de la Paz con el objetivo de crear un mundo sin amenazas militares. Pero este ministerio estaba encargado de las fuerzas armadas, la fuerza aérea y la marina. Esto creó un conflicto perpetuo con Eurasia (el continente europeo, desde Lisboa hasta Vladivostok). Y también con Asia Oriental (China y los países del Lejano Oriente, incluido Japón). Los responsables de este ministerio buscan mantener una guerra que nunca se acabe (pues así, supuestamente, pueden mantener el mundo en equilibrio). Entonces, en vez de encontrar la paz, lo que logran es crear un mundo lleno de conflictos eternos e interminables.

Reconocimiento

Houston y yo reconocimos haber leído *1984*. Sin embargo, no recordábamos este pasaje sobre los cuatro ministerios. Pero ahora, cuando Lizzy nos recordó su existencia, nos quedó de repente muy claro que los pensamientos de Orwell son muy actuales y que él había sido un visionario. Por ejemplo, su división tripartita del mundo es muy elocuente: el occidente americano, con Inglaterra y sus territorios de ultramar; el territorio euroasiático, dominado por Rusia, como tanto anhela Putin; y China, la tercera potencia mundial, con su esfera de influencia en Asia Oriental. Ahora bien, como China y Rusia están por encima de ello y se han aliado entre sí, la situación para EE. UU. se ha ido complicando. Tienen que luchar contra Rusia y China, pero eso es un gran desafío. Pero, si no lo hacen, dejarán de ser la única potencia mundial.

Oración decisiva

Lizzy, por su lado, reconoció que quedó electrizada al leer esta oración en el libro: "Antes de que Roosevelt pudiera establecer la paz mundial, la Pax Americana (y realmente pudiera decir 'guerra nunca más'), tuvo que entrar en la guerra contra Hitler, es decir, paradójicamente, la guerra tuvo que convertirse en una guerra mundial".

Paradoja

Esta situación paradójica (que la guerra deba librarse antes de que se pueda establecer la paz eterna) sigue siendo cierta hoy en día. Kim Jong-un trabaja en la fabricación de bombas nucleares y misiles. Un ataque de exterminio contra él es casi inevitable. Al parecer, Irán también quiere construir una bomba nuclear. Israel no ve una alternativa distinta a destruir este país. Putin quiere restaurar el antiguo imperio soviético y, posiblemente, poner a todo el continente europeo bajo su soberanía. Y los halcones de Washington consideran que esto no puede evitarse sin una confrontación militar.

Esfuerzos por la paz

Hay esfuerzos por la paz en todo el mundo: en Afganistán se ha buscado la paz durante 17 años; también en Siria, y en Malí. Venezuela debe ser atacada en un futuro próximo para así establecer una situación pacífica.

Bombas atómicas

En Japón, solo las bombas atómicas trajeron la paz; por este motivo, Churchill las clasificó como extremadamente beneficiosas. "Hemos salvado millones de vidas con estas bombas". Con esto quería decir que, si los combates se hubieran prolongado, el número de víctimas habría sido mayor. Por eso estaba muy orgulloso de que la bomba que había caído sobre Nagasaki estuviera llamada "littler fat man" en su honor.

Peacemaker

Él llamaba "peacemaker" (pacificador) a la bomba que él había destinado para Moscú, la bomba más grande conocida en esa época. En sus charlas diarias con Truman, Churchill le decía que usara esta bomba antes de que los rusos pudieran construir bombas nucleares. Ahora bien, seguramente hubo fuerzas en Estados Unidos que se opusieron a ello. Si se hubieran seguido los consejos de Churchill, las empresas norteamericanas habrían podido explotar los inmensos recursos minerales y las materias primas de este vasto continente.

El gran hermano (8.3)

El estado de vigilancia y su lema, "big brother is watching you", se ha hecho realidad en la actualidad gracias a los avances tecnológicos. Es más, esta realidad ha ido más allá de lo que Orwell hubiera podido imaginar. Cada llamada telefónica, cada correo electrónico, todo se graba en todo el mundo. Cada uno de nosotros es localizable, sin importar dónde se encuentre. Los drones teledirigidos pueden atacar a cualquier persona clasificada como "hostil" o como terrorista. Los graves errores, o el bombardeo errado de un autobús escolar en Yemen, ni siquiera provocan protestas.

El ojo que todo lo ve

Cada smartphone, portátil, tablet, iPhone, etc. tiene una lente a través de la cual el gran hermano puede verte, en cualquier momento.

BBC

Orwell era corresponsal de la BBC y reportó sobre la Guerra Civil Española desde Cataluña. Sus compañeros de trabajo eran Ernest Hemingway y André Malraux. Él pudo aprender, desde un principio, cómo se manipulaban y editaban las noticias, especialmente en las zonas de guerra, para los periódicos y la televisión. La primera libertad de la que habló Roosevelt fue *Freedom of Speech*, libertad de expresión. Y, por ello, Orwell trata sobre la libertad de prensa al escribir sobre el *Ministery of Truth*, el Ministerio de la Verdad. Este ministerio determina lo que debe ser considerado verdad. También es responsable de la difusión de la verdad y de la corrección de la verdad. Si los acontecimientos posteriores hacen que una verdad anterior se considere inaceptable, esta debe ser corregida. Las personas que se han vuelto impopulares deben borrarse de las fotografías mediante retoques. Y aquellos que luego tengan posiciones importantes pueden pegarse en las fotos antiguas. Todas las técnicas que ya conocemos de la Revolución Rusa: cuando Trotsky salía en la primera línea en una foto, pero luego lo borraban, etc....

Libertad de expresión

Todo el mundo piensa en la libertad de prensa. Y así es como se ha interpretado esta primera libertad. Pero Roosevelt, después de hablar con Churchill, se esforzó en evitar estas palabras. La libertad de prensa no afecta a los ciudadanos. Es un privilegio exclusivo de las élites propietarias de la prensa. Para ellos, la libertad de prensa significa que pueden escribir lo que quieran, independientemente de los hechos. Sin embargo, el ciudadano desprevenido piensa que un periodista puede informar libremente y sin censura sobre hechos y acontecimientos; además, también piensa que un periodista hace esto para que el público en general se haga una idea de la situación política con esta información objetiva y luego saque conclusiones razonables de ella. Ahora bien, la prensa sí tiene esta libertad. El quid de la cuestión, sin embargo, es que la prensa no está interesada en utilizarla. No quiere informar. Quiere hacer política. Es el quinto poder, incontrolado y omnipotente. Es independiente del votante y su poder es ilimitado en el tiempo.

El Ministerio de la Verdad

No son los hechos, ni los acontecimientos, ni los contenidos los que determinan lo que es la "verdad". Son los medios y la prensa quienes determinan qué es la verdad. Como ellos son el portavoz, tienen ahora el monopolio, tal como lo tenía, otrora, el párroco en el púlpito. En la obra de Orwell hay una institución en la cual se agrupan todos los comunicados: el Ministerio de la Verdad. De ahí salen al mundo todas las mentiras, distorsiones y manipulaciones ordenadas por el Estado.

Newspeak, doublethink

Ahora bien, para esta información se necesita un nuevo lenguaje: "newspeak". Como las mentiras impuestas por el Estado a veces están en contradicción directa con aquello que las personas han experimentado con sus propios sentidos, se debe practicar el "doublethink", doble pensamiento. Orwell lo explica con el siguiente ejemplo: Si el estado decide, por razones importantes, que "2+2=3", es posible que haya áreas en las que esta suma todavía sea "2+2=4" (por ejemplo, en la estadística, construcción de puentes, viajes espaciales...). Lo bueno del doble pensamiento es que el ciudadano aprende a no ver una contradicción allí.

Ejemplo reciente

Houston contribuyó con un ejemplo reciente sobre esta práctica. Cuando Lizzy terminó de explicar el concepto con un ejemplo teórico, él aplaudió entusiasmado. "Me das una gran idea. El uso del doble pensamiento no es tan descabellado. Todos estamos ya entrenados en esa dirección. Churchill es aclamado como el único que tuvo el valor de actuar contra Hitler. Incluso él mismo afirmaba que, sin él, no habría habido la Segunda Guerra Mundial. Es más, le hubiera encantado que se le conociera como 'la guerra de Churchill'. Por otro lado, se dice que Hitler es el único responsable de esta guerra. Se dice que fue él quien rebasó un límite y que, por ello, siguieron las consecuencias que ya conocemos. Incluso se le culpa del bombardeo de ciudades alemanas por parte de ingleses y estadounidenses, y de la expulsión de alemanes de Prusia Oriental, Pomerania y Silesia. Todo habría sido, simplemente, consecuencia de su ataque a la Plaza Occidental en Gdansk". La culpa no es de quien ordenó el bombardeo de las ciudades o la expulsión de 14 millones de alemanes de los territorios orientales, sino de Hitler, que disparó el primer tiro aquí.

Crimethink

Lizzy reaccionó y reprendió a Houston por lo que acababa de decir. Es un caso de "crimethink", dijo, un crimen de pensamiento. Algo así no podría decirse en la Oceanía de Orwell, ni siquiera pensarse. Incluso el hecho de sopesar pensamientos distintos a los que el gobierno sostiene es considerado un delito. El crimen de Houston, en este caso, sería ignorar el doble pensamiento y manifestar que hay una contradicción en este hecho: por un lado, Churchill dice que la guerra es su mérito y, por el otro, se ha culpado a Hitler, como a un criminal.

¿Irresponsable?

Hay otro hecho que involucra a Churchill y que también es un ejemplo de doble pensamiento. Este sucedió cuando él se enteró de que el desarrollo de la bomba atómica había costado mil millones de dólares. En su opinión, si el arma había costado tanto, habría sido "irresponsable" no usarla. Desarrollar un arma y luego no usarla sería un desperdicio inútil del dinero de los contribuyentes. Pero, por el contrario, si esta se usa y mata a 200.000 mujeres y niños, el dinero se habría usado "responsablemente".

Moral bombing

Es la misma lógica del "moral bombing", es decir, el bombardeo moralmente justificado de las ciudades y sus habitantes. Así fue como él llamó al primer bombardeo sobre Mannheim. Churchill es un experto para darle vuelta a los conceptos; él es "la" luz resplandeciente en nuestro mundo oscuro.

¿A propósito?

La promesa de "no más guerra" y la presencia de palabras bonitas en la cuarta libertad y en el artículo 8 de la Carta de las Naciones Unidas no solo se manifiestan en la novela de Orwell. También se evidencia en cómo ha crecido, en el mundo de hoy, la maquinaria de guerra y el armamento. ¿Es esto un accidente o un engaño intencional, decidido desde hace tiempo? Si se hubieran perseguido realmente estos objetivos positivos, no habría sido necesario redactar la Carta de las Naciones Unidas con tantos secretos; y no solo eso, los pueblos del mundo habrían podido participar en las deliberaciones. No podemos negar que las cuatro libertades y la Carta de las Naciones Unidas pretenden engañar a los pueblos del mundo.

Libertad de los mares

Esto ya puede verse en el primer artículo de la Carta de las UN sobre la "Libertad de los mares". Nadie luchará para que el transporte marítimo sea gratuito en todos los mares, sin piratería y sin exigencias de pagos de aranceles aduaneros o de tránsito. El acuerdo secreto adicional a este artículo estipula que todos los estados del mundo deben permitir el libre acceso a los barcos ingleses y americanos. Y, además, también estipula que estos países no pueden tener acceso a los mares reclamados por el Imperio Británico y los Estados Unidos.

Somalia

Pero Inglaterra y Estados Unidos no pudieron aplicar esta "libertad de los mares" fuera de su propio territorio. Hoy en día existe de nuevo la piratería. Por ello, pasar por mar frente a Somalia es muy difícil, incluso para los barcos británicos y estadounidenses. Este punto necesita actualmente protección militar. Incluso la República Federal de Alemania debe participar en esta protección.

Europa paralela (8,4)

Se planificó el mismo tipo de fraude con la fundación de la Unión Europea. Cuando Churchill lo propuso en su discurso en Zúrich, estaba claro que el propósito de esta Unión era degradar a los pueblos de Europa en un protectorado. Cada nación debía renunciar a su soberanía y renunciar a la singularidad cultural; el lema era el igualitarismo absoluto. Las diferencias entre los europeos deberían existir, únicamente, en su número de identificación. "We will champion you", dijo, es decir, os trataremos preferentemente, os protegeremos, incluso os trataremos preferentemente como a una colonia de la corona.
Esto también dejó claro que Inglaterra no se consideraba a sí misma como parte de esta Europa, sino que se veía fuera de ella, como una potencia protectora. Lo más importante era que Alemania pudiera ser vencida mediante mayoría de votos. Esto permitiría, a su vez, mantener la opresión sobre ella. Por este motivo, los votos de Malta, con 30.000 habitantes, deberían tener el mismo peso que los votos de Alemania, con 80 millones. Es casi gracioso que Churchill hubiera hecho esta propuesta en Zúrich, precisamente ante los suizos. Evidentemente, él creyó que era posible que los suizos, tan preocupados por su soberanía, se hubieran dejado seducir por esta oferta.

La tercera libertad

"Lizzy, tú has trabajado intensamente con la novela de Orwell. Ahora tienes que decirnos a qué tipo de ministerio nos lleva la tercera libertad: 'Freedom from want'. ¿Libertad de deseos, necesidades, necesidades materiales?" Su respuesta fue: "Este es el Ministerio de la Abundancia: 'Ministery of plenty'. Norman Rockwell también hizo un cuadro que muestra un comedor ricamente decorado y a una familia feliz, con padres, abuelos y niños. Allí se muestra una cena como las de las fiestas de acción de gracias, donde se come tradicionalmente pavo. Mejor dicho, una vida en una tierra de abundancia. En el caso de Orwell, sin embargo, este Ministerio de Abundancia se encarga de una escasez planificada. Impone sanciones y planea hambrunas porque los necesitados y los habitantes de la calle son más fáciles de oprimir que los ciudadanos ricos. Es más, hoy en día, en nuestras naciones industrializadas ricas hay suficiente desempleo y pobreza entre los ancianos. Áreas enteras se están pudriendo; el cinturón de óxido en los Estados Unidos; la insolvencia de ciudades enteras; solo en Los Ángeles hay 60.000 personas sin hogar. Así se ha decidido, posiblemente, desde los mandos más altos; el colapso de la infraestructura puede ser deseado. Orwell, en cualquier caso, lo habría visto así".

Freedom of worship

Todo el mundo piensa que esto se refiere a la libertad religiosa. Pero no, se refiere a otra prohibición. La "libertad de culto", o como le quieran llamar, implica que la religión y todas las confesiones quedan prohibidas. La iglesia tiene dogmas: un cristiano no puede adorar lo que se le venga en gana. Entonces, como la religión es vista como intolerante, esta debe ser combatida. La libertad de culto remite a la frase de Voltaire, "Écrasez l'infâme!", la cual aludía a la necesidad de revelarse de la iglesia católica. Esta es una de las principales exigencias de los Illuminati y de las órdenes más altas de la francmasonería.

Ministerio del amor

De esta segunda libertad proviene la nueva ética, la nueva moral: el Ministerio del amor. Es la cima de la tergiversación de todos los valores humanos tradicionales. En realidad, en el estado de Orwell, este es el nombre que se da a las cámaras de tortura del régimen. Todos los rebeldes e inadaptados deben entrar ahí y aprender a comportarse y a pensar según lo estipula el estado. Smith, el protagonista de la novela, y su amante experimentan personalmente este campo de concentración. "Orwell fue tan explícito", dijo Lizzy, "que preferiría no entrar en detalles".

Intención

Houston y yo nos acordábamos un poco de estos pasajes. Había una escena con ratas. Prometimos entonces volver a leer esta apreciada novela, *1984*, pero esta vez más a fondo.

Cambio de escenario (8.5)

Ahondar en la visión sombría de Orwell sobre nuestro futuro hizo que nuestro estado de ánimo decayera. Nos sentimos tristes, sobre todo, porque la realidad actual se acerca mucho a lo que Orwell temía. Necesitábamos aire fresco, para tener otras ideas. Dimos unos pocos pasos hacia el exterior y ya volvimos a sentirnos mejor.

Almuerzo / comida

Además, ya era hora de comer. Había varios restaurantes israelíes en este barrio. Lizzy solía ir allá y, además, podíamos ir a pie a uno de ellos. A Lizzy le gustaba comer kosher. De camino al restaurante nos enteramos de que era judía.

¿Judía ortodoxa?

No era estrictamente ortodoxa. Nos confesó que, a veces, le gusta comer un pan con jamón, es decir, carne de cerdo. Pero en su casa divide de manera estricta entre los platos que usa para comida con leche y los platos que usa para comida con carne. La Biblia dice que "el ternero no debe ser cocinado en la leche de su madre"; esta máxima, además, se ha quedado profundamente grabada en la memoria de Lizzy. Por eso, cuando se hacen salsas para una barbacoa, no se puede usar crema de leche. El pescado y la carne tampoco deben mezclarse. Ahora bien, nosotros tampoco los mezclamos, aunque nadie lo haya prohibido.

Cocina internacional

Los judíos de la diáspora han adoptado hábitos alimenticios de todas las naciones. Tienen una cocina muy rica y variada. Han tomado el falafel y el hummus de los árabes. En los países árabes hay una multitud de legumbres, lentejas y guisantes que difícilmente podríamos imaginar en nuestro país. Ahora bien, todos estos alimentos son muy populares en la comida judía. Muchos judíos vivieron en Viena, por mucho tiempo, y descubrieron el strudel. También les gusta el pan plano, el bagel, la pita... O las sugerencias de Europa oriental, Polonia y Rusia. Nuestro estado de ánimo, con solo mencionar estos manjares, mejoró notablemente. En breve llegaríamos al restaurante de Lizzy.

Alegría de vivir

Los judíos también conocen los días de ayuno, pero su religión está más orientada a la alegría de vivir y no tanto al ascetismo. La comida es espléndida y grandes cantidades de vino también forman parte de ella.

La madre de Lizzy

Mientras esperábamos nuestra comida, Lizzy nos habló sobre su familia. Su madre es de Praga, una ciudad que en la Edad Media ya era un centro importante de la vida judía. Ella sí tuvo la oportunidad de estudiar, lo cual era un privilegio para las mujeres en esa época. Estudió en la Universidad de Marburgo, donde conoció a Hannah Arendt. Se convirtió en una de sus mejores confidentes y asistieron juntas a las conferencias de Heidegger.

Separación

Cuando Heidegger se unió al partido en 1933 y se convirtió en rector de la Universidad de Friburgo, Hannah Arendt se separó de él y se involucró crecientemente en los asuntos judíos. La relación con la madre de Lizzy se mantuvo, pero cada una se escapó por un camino distinto. La madre de Lizzy se fue rápidamente con sus padres al sur de Francia, donde sus padres tenían una casa de vacaciones. Y todo esto sucedió antes de la guerra, justo después de que los alemanes invadieran Praga.

Internamiento

Hannah Arendt huyó a Francia en 1939, cuando la guerra ya había comenzado. En Occidente no hubo actos de guerra al principio, pero los refugiados alemanes sí fueron recluidos como miembros de una nación hostil. "En Alemania fui a un campo de concentración; en la amigable Francia fui a un campo de internamiento. Qué mundo tan absurdo", aseguran que dijo. Más tarde logró escapar del campo de internamiento y pudo continuar su vuelo, vía España, a los Estados Unidos.

Sanary

Ahora bien, la madre de Lizzy y sus padres no tuvieron problemas durante su estancia en Sanary. Allí conocieron a toda una colonia de artistas: Thomas Mann y todos sus hijos, Klaus, Erika y Golo; el famoso escritor Feuchtwanger; el pintor Max Ernst; los hermanos Stefan y Arnold Zweig; Joseph Roth; el director de teatro Erwin Piscator; Egon Erwin Kisch; es más, Berthold Brecht también estuvo una temporada allí, antes de emigrar a los Estados Unidos a través de Finlandia, Moscú y Vladivostok. La madre de Lizzy y sus padres tenían vínculos estrechos con Franz Werfel, a quien ya conocían bien desde su ciudad natal, Praga.

Campo de internamiento

Sin embargo, cuando la guerra estalló, estos "veraneantes", en tanto que alemanes, fueron considerados como extranjeros enemigos. Su exilio como vacacionistas había terminado, y fueron internados. Después de la capitulación de Francia, el gobierno de Vichy cooperó con la Alemania nazi y los judíos fueron amenazados con la deportación. Sin embargo, todos lograron escapar; unos a través de España y Portugal y otros a través de Suiza. La familia de Thomas Mann huyó a California. Stefan Zweig logró huir a Suramérica. Los padres de Lizzy y los Werfel fueron a Nueva York. Por este motivo, la relación entre las dos familias se mantuvo durante la guerra.

Franz Werfel (8.6)

Este escritor es conocido por su novela *Der veruntreute Himmel* ("El cielo a buen precio"). También hizo una conocida versión cinematográfica de la aparición de la Virgen en Lourdes en *Das Lied der Bernadette* ("La canción de Bernadette"). También escribió la epopeya nacional de los armenios, *Die 40 Tage des Musa Dagh*, ("Los 40 días de Musa Dagh"); allí describió la marcha de la muerte de los armenios durante la Primera Guerra Mundial, desde su tierra natal hasta esta montaña, Musa Dagh, ubicada a 1.000 km de distancia en el norte de Siria. Su última obra, publicada póstumamente, lleva el título de *Stern der Ungeborenen* ("Estrella de los no nacidos"). Es una novela utópica que describe el estado de los habitantes de la tierra en 100.000 años. Esta novela, nos cuenta Lizzy, despertó su interés por las novelas utópicas.

Literatura comparada

Lizzy quería estudiar primero literatura comparada. Ella quería hacer su "tesis doctoral" comparando las novelas *Stern der Ungeborenen* de Franz Werfel, *Brave new world* de Aldous Huxley y *1984* de Orwell. Pero luego prefirió seguir una carrera como pianista y cantante.

Asombroso

Lizzy citó algunos pasajes de *Stern der Ungeborenen*; lo dicho allí resulta muy asombroso si uno recuerda que esta novela fue redactada en 1945. Werfel escribe: "Los alemanes llevan generaciones intentando ser 'populares'. Desafortunadamente, no han podido. Pero después de la Segunda Guerra Mundial, los alemanes están en la cima de la humanidad y del bien común. Si alguien describe algo como 'humanitarismo excesivo', es detenido durante 48 horas. Son los inventores de una ética ingrata, de una intrusión desinteresada para salvar al mundo entero". Y Werfel se burla con sorna: "Ellos son verdaderas ovejas con piel de cordero. Sin embargo, todos los demás los ven como si fueran lobos".

Una segunda predicción interesante: las únicas religiones que sobrevivirán en 100.000 años son el Judaísmo y la Iglesia Católica.

Sería interesante discutir cómo llegó a esta declaración.

Guerra nuclear

Sorprende que Werfel también hable de una Tercera Guerra Mundial. Él cuenta que esta será la última guerra y que se usarán armas nucleares. Luego de ello, a la humanidad le quedará completamente claro que no es posible hacer guerras. El único riesgo es que un grupo de adolescentes se robe una bomba atómica de un museo y la use para una catástrofe general. Por lo demás, la paz se mantendrá.

Werfel no se deja engañar por las mentiras de Churchill y Roosevelt, quienes alegan que "no habrá más guerra" y que prometen un desarme total del mundo entero.

Alma Mahler, Gropius, Werfel

La esposa de Werfel estaba con nosotros en Sanary. Ella era considerada la mujer más bella de Viena. También tenía mucho talento: podía pintar y dibujar como su padre, el famoso paisajista Schindler. Además, también era compositora. Se conservan algunas de sus canciones.

Gustav Mahler

Ella, después de emocionantes experiencias con un famoso amante, Alexander von Zemlinski, un romance con el pintor Gustav Klimmt y algunos jugueteos con Oskar Kokoschka, decidió, a la edad de 23 años, casarse con un compositor de fama mundial, Gustav Mahler. Tampoco se descarta que haya tenido relaciones con Arthur Schnitzler, Hugo von Hoffmannsthal y Alban Berg.

Gustav Mahler le prohibió componer. Eso era un asunto de hombres. Ella, sorprendentemente, le obedeció. Su segundo matrimonio fue con el arquitecto Gropius, conocido en toda Europa. Y el tercero fue con el escritor Franz Werfel. Sus tres maridos, y casi todos sus amantes, eran judíos; pero ella era una ardiente antisemita. Una combinación interesante. La madre de Lizzy decía que nunca se había aburrido cuando estaba con los Werfel en Sanary.

Capital de la literatura alemana

Muchos escritores interesantes estaban reunidos en Sanary y, por ello, esta ciudad fue brevemente conocida como la capital de la literatura alemana. Algunos de ellos todavía podían publicar sus libros en Zúrich. Ellos, a menudo, representaban opiniones contrarias. Una comparación interesante sería la comparación de la novela de Heinrich Mann, *Der Untertan* ("El súbdito"), con la novela de su hermano Thomas Mann, *Königliche Hoheit* ("Alteza real"). También sería creativa la comparación de la novela de Feuchtwanger, *Jud Süß* ("El judío Süß"), con la película de Veit Harlan (la cual, al día de hoy, solo puede proyectarse con comentarios). También vale la pena leer el comienzo de esta conmovedora historia, la cual está presente en un relato de Wilhelm Hauff.

El mejor de todos los mundos

Las novelas utópicas tratan, sobre todo, de estados hipotéticos que intentan solucionar todos los problemas del mundo real Huxley soluciona los problemas sociales alterando el físico de las personas inmediatamente después de su nacimiento. La clase dominante son los alfa. La clase alta, los beta... La clase baja, los trabajadores, son los épsilon. Inmediatamente después de su nacimiento, se les inflige daño cerebral, lo que hace imposible que se esfuercen por progresar. A todos se les enseña el mismo lema: "¡Qué feliz me siento de ser épsilon!" Todos los ciudadanos están satisfechos con su situación. Además, a todos se les da una hormona de la felicidad, una droga, el "soma", que también ayuda a construir una armonía estable con el estado. Es más, si no hay drogas para la gente, el estado no puede funcionar.

Sociedad sin clases

El comunismo también se esfuerza por lograr un estado ideal. Una sociedad sin clases, en la que no haya más diferencias de clase y en la que todos puedan vivir de acuerdo a sus necesidades. Esa era la promesa del marxismo. Pero la realidad fue muy distinta.

Nacionalismo

Ahora bien, el fascismo, en oposición a este comunismo internacional, se presentaba como una manifestación de una procedencia étnica. "Tú no eres nada, tu pueblo lo es todo". Con este punto de vista, sin embargo, los derechos individuales pueden perderse.

Politeia

Incluso Platón intentó crear un estado ideal. Él consideraba que, para ello, la población debía dividirse en tres clases: primero, el estado nutricional; es decir, los agricultores responsables de garantizar la nutrición de la población. En segundo lugar, los militares; es decir, los guerreros responsables de proteger a la población contra los ataques del exterior. Y, en tercer lugar, los filósofos; es decir, las personas que tienen el entendimiento suficiente para gobernar un Estado con sensatez. Sin embargo, ni siquiera el estado de Platón puede prescindir de las mentiras de estado.

República de los educados

Las ideas de Platón fueron incorporadas en la Ilustración y hubo muchas críticas a las monarquías. El deseo de poder de los reyes, con demasiada frecuencia, conducía a guerras fatales. En la Revolución Francesa (y ya unos años antes, en la Declaración de Independencia de los Estados Unidos) la gente trató de establecer un estado sin rey, una especie de gobierno popular, una democracia.

Reino de Dios

El anhelo de un estado ideal es en realidad muy antiguo. En el Padrenuestro, por ejemplo, se dice "Venga a nosotros tu reino". Este deseo es idéntico al que se manifiesta en la oración judía más antigua, el Kaddish. El Reino de Dios, en el que no hay injusticia, ni enfermedad, ni sufrimiento, es un anhelo milenario de los judíos. La esperanza de un mesías, que pueda hacer que este estado se haga realidad, sigue presente entre los judíos. Ellos no aceptan al mesías de los cristianos. Él no se ajusta a sus ideas.

Inteligencia de los judíos

"¡Wow!" Me impactó el vasto conocimiento de Lizzy. Semejante flujo de información estaba muy por encima de cualquier conferencia de un profesor universitario. Sin embargo, ella no era historiadora, ni profesora de literatura; ella es una artista. "¿Cómo haces para tener semejante buena memoria?", pregunté. No pudo evitar reírse. Luego admitió que ya se había preguntado sobre el origen de las diferencias entre la inteligencia de la gente.

Religión del libro

Ella dijo que había varias razones para ello. Ciertamente hay ciertos factores en los genes, es decir, en el genoma. Otro factor, sin embargo, es el entrenamiento de ciertas funciones cerebrales. Al igual que en el deporte. Sin un entrenamiento constante, incluso una persona con talento natural se verá incapacitada de llegar a lo más alto en carreras, saltos de altura, esquí, tenis, boxeo, equitación, etc.... Lo mismo sucede con el pensamiento. Este también tiene que ser entrenado desde una edad temprana. Entre nosotros, los judíos, esto se logra leyendo regularmente las Escrituras, es decir, la Biblia. Un judío que va regularmente a la sinagoga aprende gradualmente toda la historia del pueblo judío: desde la creación del mundo y Adán y Eva, pasando por el Diluvio hasta Moisés, y del éxodo de Egipto al rey David y Salomón. Por último, aprende sobre el cautiverio de los judíos en Babilonia. Esto también crea la identidad de la comunidad, incluso si los miembros de esta tienen que vivir en pueblos extranjeros. Incluso un judío que profesa ser ateo, es decir, que rechaza la existencia de Yahvé, conoce muy bien la Biblia, como Sigmund Freud.

El Corán

Recordé un paralelismo: el Corán. Un musulmán devoto debe aprender todo el Corán de memoria, incluso en árabe antiguo, su idioma original. Esta es la lengua árabe, tal y como se hablaba hace 1400 años, en la época de Mahoma. Afortunadamente, el Corán no es tan extenso como el Antiguo Testamento. Tiene únicamente 114 suras. De todas maneras, memorizarlo fortalece mucho la memoria. En nuestras escuelas modernas, por supuesto, nada es peor visto que memorizar. También hay burlas, incluso, sobre el entrenamiento para pensar que proporcionan las matemáticas. ¿Por qué hay que aprender las cuatro operaciones aritméticas básicas: sumar, restar, multiplicar y dividir? Una calculadora lo hace todo sin ningún esfuerzo. Nuestras mentes son cada vez más prescindibles.

Hebreo antiguo

Por cierto, no solo los musulmanes, sino también los judíos, debían leer su libro sagrado en una lengua antigua. Ellos, durante mucho tiempo, usaron el yidis para las conversaciones normales (esta lengua artificial fue creada por el judaísmo moderno mezclando raíces de palabras hebreas y palabras modernas). El yidis, que se desarrolló a partir del alto alemán del medioevo, ya no era deseable después de las experiencias de los judíos en el período nazi. La Sagrada Escritura, sin embargo, todavía se lee en hebreo en las sinagogas de hoy.

Canciones en yidis

La pregunta es si el yidis va a desaparecer por completo. Sería una pena, pues hay una gran literatura en esta lengua y una miríada de canciones increíblemente bellas. La mayoría de ellas provienen de Europa Oriental, de los pueblos conocidos como "shtetl". Es posible que, al menos, las canciones sobrevivan, aunque ya no haya nadie para cantarlas.

El Mesías

Después de mi interrupción, Lizzy continuó con su historia. Para los cristianos está muy claro que Jesús es el Mesías, el Cristo, el Salvador. Pero su reino milenario sigue sin llegar, y los cristianos llevan ya 2000 años esperando su regreso. En vano, una y otra vez.

El Mesías judío

"Y tú, Lizzy, ¿qué opinas de todo esto?", me atreví a preguntar. No soy judía ortodoxa, sino atea. Ahora bien, como todos los judíos de la diáspora han vuelto a tener un estado propio, cuya capital es Jerusalén (Trump, al menos, ya lo ha confirmado), yo no descarto la llegada de un Mesías judío. Él construirá el tercer templo y hará de Jerusalén su capital y, desde allí, "gobernará todo el mundo con una vara de hierro. Todas las naciones de la tierra se inclinarán ante él y le traerán regalos". Bueno, al menos así lo dicen las escrituras.

Cúpula de la Roca

"¿Y qué pasará con los santuarios de los musulmanes, la Cúpula de la Roca y la Mezquita de Al-Aqsa?"
Según la opinión de los sionistas autorizados, "serán destruidas o reconstruidas en otro lugar, piedra por piedra". Pero esto ya no tendrá ninguna importancia, pues en el gobierno mundial del Mesías solo hay una religión, la suya, y solo hay un templo. Y el Mesías tendrá su trono en él.

El Anticristo

"Pero esta imagen del Mesías judío corresponde, exactamente, a la descripción del Anticristo hecha por los apóstoles", argumenté. "Cristo no gobernará con una vara de hierro, sino con amor".

Mahdi

Houston, en ese momento, intervino en la conversación. "Estas preguntas sobre el fin del mundo me confunden", dijo. Los musulmanes creen en el regreso del Mahdi. Incluso los más altos políticos actuales, como Ahmadineyad en Irán, informaron oficialmente que esperaban el pronto regreso del

Mahdi. Este Mahdi vendrá acompañado, según las enseñanzas del profeta, por Jesús, y entre los dos lucharán contra el Anticristo.

Maitreya

Por su parte, los budistas creen en la llegada del Buda Maitreya, una reencarnación de Buda que aparece en la tierra cada 13.000 años. Es realmente sorprendente que, en un mundo tan materialista como el nuestro, se publiquen tantas contribuciones sobre este tema en internet y en YouTube. Y, más aún, que haya millones de personas interesadas en ello.

Interrupción

Yo, una vez más, tuve que interrumpir a Houston. ¿Quién, por el amor de dios, es el Mahdi?, ¿y quién Maitreya? Una vez más tuve que buscarlo en internet.

Hermano de Lizzy

Lizzy nos sorprendió en ese momento y nos informó que su hermano menor vendría en esos días a Londres y que podríamos conocerlo. La madre de Lizzy, después de huir, se había casado en Nueva York con el hijo de un rabino; él, a su vez, era descendiente de judíos que habían huido a Estados Unidos a causa de los pogromos de la era zarista. Después del fin de la guerra, sus padres no pudieron regresar a Europa. Su padre era ahora un estadounidense naturalizado; y su madre no quería ir a Praga, su ciudad natal, pues estaba ocupada por los soviéticos, es decir, detrás del telón de acero. Lizzy nació en Nueva York y, dos años después, se le unió un hermano. Los padres de Lizzy ya murieron.

José

Su hermano se llama José, como el hijo favorito de Jacob que fue vendido por sus hermanos, a causa de celos, a los egipcios. Él está muy orgulloso de ser judío y también muy orgulloso de los cuatro mil años de historia de su pueblo. Ahora bien, él es casi una excepción, pues reconoce a Jesús como el Mesías. Él es uno de los pocos "Judíos mesiánicos". "Tenemos discusiones interesantes por delante", dijo Houston.

La banalidad del mal

Luego discutimos sobre el libro de Hannah Arendt, *Eichmann en Jerusalén*, y sobre el concepto de la "banalidad del mal". La madre de Lizzy, después de huir a Nueva York, había vuelto a ponerse en contacto con Hannah Arendt, quien ahora ocupaba una cátedra en la Universidad de Yale.

¿Qué significa banal?

Hannah Arendt resultó haciéndose muchos enemigos con este término, especialmente entre los judíos. Ella había comprendido que Eichmann, responsable de la solución final, es decir, de la muerte de millones de judíos, no era ni siquiera antisemita. Él había cursado estudios de hebreo, conocía muy bien la historia judía y tenía un interés personal en la literatura judía. Organizó el viaje de 100000 jóvenes judíos a Israel, lo cual encontró una gran resistencia de los muftíes. Él incluso cumplió las órdenes de aniquilación en contra de sus propios sentimientos, pues creía que la aniquilación era necesaria para preservar a su pueblo. Y no solo eso, también era una orden. Por lo tanto, no tuvo remordimientos. Es más, cuando estaba en el juicio en Jerusalén en una jaula de cristal, se sentía inocente y se declaró "inocente".

El mal radical

¿No existe el mal radical? ¿Alguien que infringe las leyes de Dios es solamente un pobre enfermo mental que necesita ayuda psicoterapéutica? Drewermann, el importante teólogo y psiquiatra, tenía el mismo punto de vista. ¿Y no le pasa lo mismo, en cierto sentido, al papa Francisco cuando lava los pies de prisioneros criminales que no creen en Jesús y se comporta como Jesús cuando lavó los pies de sus discípulos antes de la Última Cena? Los prisioneros necesitan gracia y sanidad, no castigo.

La crucifixión

La crucifixión, por otro lado, es una señal irrefutable de que el mal absoluto es eficaz. Cuando un hombre que solo hace el bien (que sana a los enfermos, echa fuera demonios y proclama la Palabra de Dios) es condenado por el sumo sacerdote por blasfemia, y luego este pasa la responsabilidad al gobernador romano Poncio Pilato para que lo crucifique, nos queda muy claro que el Dios de este mundo es Satanás: el opuesto de Dios que niega el verdadero dominio de Dios.

Donde Antonio (8.7)

La reunión tuvo lugar en el restaurante de Antonio. El tema de la velada fue la reconquista de Italia. Allí Antonio nos contó sobre las guerras de Mussolini, su *guerra parallela*, y culminó el relato que ya había comenzado previamente donde Cynthia.

Invitados

Houston, sorprendentemente, había invitado a John a esta velada. Como los soldados estadounidenses fueron el principal contingente en la liberación de Italia del fascismo, Houston

164

supuso que un estadounidense no estaría fuera de lugar cuando se tocara el tema. Esto se confirmó posteriormente cuando él, inesperadamente, aportó a la charla una historia sobre la recaptura de Italia.

Polacos exiliados

También estaba invitado Miroslav, quien nos había relatado la historia europea de las casas reales en la época de Enrique VIII de una manera muy interesante, y su esposa Mila, quien nos había relatado, desde el punto de vista de la gente común, la situación de las relaciones polaco-alemanas en Cracovia, su ciudad natal.

Así, por primera vez, se reunieron 10 narradores de historias procedentes de Londres, tal como sucedió en el *Decamerón* original de Boccacio.

Comida

Había comida a la carta. Guiseppe, a quien ya conocemos, sirvió oficialmente como camarero, y Federico, el cocinero, de vez en cuando se dejaba ver en la mesa redonda. Los bebedores de vino tinto optaron por Chianti y Bardolino. Lizzy prefería el vino dulce Marsala. Los vinos blancos ofrecidos fueron Frascati und Orvieto. La carta de vinos incluía, incluso, el sensacional Zibbo de Sicilia.

Placer sin remordimientos

Con solo leer el menú se me hacía la boca agua. Había ossobuco, saltimboca, bruschette, polenta, bressaola, ñoquis, gamberi, zampone, involtini di vitello, gorgonzola, mozzarella, zuppa di pesce...

Charlas de mesa

No hubo largos discursos durante la comida. Al principio las conversaciones, muy animadas, versaron únicamente sobre asuntos privados. Pero luego Antonio comenzó a contar sobre la reconquista de Italia por parte de los Aliados.

Incertidumbres

Los Aliados consideraron varias formas de desarticular la "Fortaleza Europa". También consideraban que, a causa de la Muralla Atlántica, aterrizar en la costa atlántica o invadir el Canal de la Mancha era demasiado peligroso. Parecía más fácil invadir Grecia, Sicilia o Cerdeña desde el Mediterráneo. Decidieron entonces desembarcar en Sicilia, pues era la ruta más corta desde Túnez a través del mar. El momento de la invasión de mayor vulnerabilidad fue el paso por el mar: las naves, relativamente lentas, podían recibir impactos y ser hundidas fácilmente por los aviones, mucho más rápidos.

Maniobras engañosas

Por supuesto, también había que engañar al enemigo para que este ignorara el lugar exacto del aterrizaje y no pudiera desplegar su fuerza principal allí. Optaron entonces por arrojar un cadáver al mar con papeles secretos e información equivocada; este mismo cadáver, posteriormente, fue recogido en el sur de Italia. En estos papeles se decía que el desembarco tendría lugar en Cerdeña. Es posible que esta maniobra haya servido para engañar a Hitler, pues hubo relativamente poca resistencia en el desembarco en Sicilia.

Preparativos

El desembarco en Sicilia había sido meticulosamente preparado durante mucho tiempo por los estadounidenses. La mafia siciliana tenía estrechas conexiones con la mafia estadounidense, la cual se había desarrollado a partir de la mafia siciliana de Nueva York. El mérito más grande de Mussolini había sido derrotar a la mafia en Sicilia (algo que nadie había podido lograr antes). Ahora bien, había eliminado a todos los jefes principales, pero las estructuras más profundas, que son sus familias ampliamente ramificadas, todavía estaban allí. Ellas fueron contactadas por partisanos infiltrados; posteriormente, cooperaron voluntariamente con los soldados estadounidenses.

Lucky Luciano

Era el hombre más importante y el capo de todos los capos. Ya de niño llamó la atención por robar en tiendas y extorsionar a sus compañeros del colegio. Solamente uno de sus compañeros, Meyer Lansky, se defendió de sus ataques y pudo demostrar, en un combate de boxeo, que podía enfrentarse a matones como Lucky. Lucky, por su lado, quedó tan impresionado que decidió elegir a Lansky como su compañero. Como Meyer Lansky era judío, la mafia neoyorquina se llamó "Kosher Nostra", aludiendo a la "Cosa Nostra".

Contribución de John

John hizo su aporte en ese momento y contó la historia de Lucky. Él, a los 14 años, ganó 244 dólares; de ahí proviene su apodo, Lucky, que quiere decir "suertudo". Lucky, quien se negaba a ir al colegio, pasó mucho tiempo en un reformatorio. En 1915 fue expulsado de un teatro, junto con Frank Costella, a causa de vandalismo. En 1916 fue encarcelado durante 6 meses por tráfico de heroína. En 1917 fue enviado al ejército. Se infectó deliberadamente con clamidia, una infección contagiosa de los genitales. También hubo un tiroteo espectacular con Lansky. En 1925 hubo un secuestro. En 1936 fue condenado a una pena de 30 a 50 años. Ahora bien, él fue tratado con cuidado, pues podía mantener sus relaciones y negocios incluso desde la cárcel. Roosevelt también trabajó en secreto con él porque era capaz de recolectar grandes cantidades de dinero. La mafia Kosher Nostra fue autorizada para construir burdeles de lujo en las playas de Varadero en Cuba; en Las Vegas, casi todos los hoteles de lujo le pertenecían. Luciano fue entonces liberado para que pudiera activar sus contactos en Sicilia. La liberación oficial tuvo lugar en 1946, después de la guerra de Nápoles; es decir, cuando había cumplido 10 años de la pena que había sido fijada para 50. Jack Higgins escribió una interesante novela sobre su vida llamada *Luciano*.

Él también se hizo es muy conocido por las declaraciones que dio en un tribunal, pues allí le dijo a Franklin Roosevelt lo siguiente: "Frankly, my witnesses are prostitutes, madams and heels" ("mis testigos son prostitutas, alcahuetas e hijos de perra").

En conclusión, la mafia (que había sido eliminada por el Duce) recuperó su influencia al participar en la reconquista de Sicilia, alcanzado un poder que nunca antes había tenido.

Continuación de la conferencia de Antonio

Él confirmó todo lo dicho por John y agregó que la mafia siciliana había experimentado un verdadero renacimiento y que también se había aliado con la Camorra y la Cosa Nostra. Él resaltó que una de las características de la política estadounidense es aliarse con criminales, incluso con terroristas. Se admite oficialmente que Osama Bin Laden fue entrenado como terrorista por la CIA y que había recibido dinero y armas. En ese momento él había sido destinado a la Unión Soviética, la cual se enfrentaba a los señores de la guerra en Afganistán.

El en Siria

Antonio también sabía que Estados Unidos, que había invadido ilegalmente a Siria, supuestamente, para luchar contra el EI, realmente había entrenado al EI, le había dado armas y le había ayudado con dinero para que pudiera pagar a mercenarios de todo el mundo. Así, llegaron muchos hombres jóvenes desde el Norte de África y de Túnez a luchar en Siria, pues ellos recibían pagos bastante altos. Bashar al-Ásad no quería a los gringos y quería eliminarlos. Pero la guerra importada fue presentada al mundo como si fuera una guerra civil, como si esta guerra fuera librada por el pueblo en busca de libertad y democracia.

Hillary Clinton

Ella también manifestó de manera expresa que le daba la bienvenida al Estado Islámico, pues este luchaba contra Bashar al-Ásad. Netanyahu y su ministro de Defensa Liebermann han admitido que también apoyan al EI, incluso económica y militarmente, por los mismos motivos.

Ursula von der Leyen

Yo, en este punto, tuve que interrumpir con un comentario. Nuestra Ministra de Defensa cree que es importante continuar la lucha en Siria, también a expensas del pueblo sirio, para eliminar al dictador al-Ásad que "mata a su pueblo". Si las tropas estadounidenses se retiran ahora, existe el peligro de que millones de sirios que habían huido regresen y reconstruyan su país. Pero, en este caso, al-Ásad podría permanecer en el poder, pues se teme que sea elegido por el pueblo sirio en unas elecciones democráticas (este escenario es muy probable a los ojos de los informantes y políticos con experiencia); por ello, estas elecciones deben ser evitadas a toda costa. ¿Por qué?

Antonio sigue narrando

Antonio, sin verse en absoluto afectado por las interrupciones, siguió narrando. Contó que Tarento fue conquistado entre el 10 de julio y el 17 de agosto de 1943. Eligieron esta ciudad porque no estaba muy fortificada. La operación fue llamada Husky. En Siracusa había 470.000 soldados alemanes al mando del general Kesselring. Por este motivo, no podía realizarse el desembarco allí.

El trabajo preparatorio de la mafia había tenido como consecuencia que los soldados italianos no tuvieran ningún interés en defender Sicilia. Los Aliados pudieron entran sin tener que luchar en la mayoría de los pueblos costeros.

No queremos entrar en detalles sobre la invasión de Sicilia desde Túnez. Quien quiera saber sobre el tema puede encontrar más detalles si busca información sobre la "Operación Husky".

Ahora bien, el fracaso de las tropas italianas fue más que evidente, pues incluso las tropas italianas y sus generales se negaron a luchar. La mafia había planeado todo muy bien. Ni siquiera la intervención de las tropas del ejército alemán, bajo el mando del general Kesselring, pudo cambiar la situación. La superioridad de los Aliados en el mar, y especialmente en el aire, era simplemente enorme: un ejército internacional se enfrentó a un ejército alemán reducido a 60.000 soldados. Sí, incluso hubo enfrentamiento entre italianos y alemanes. Antonio admitió abiertamente: "Incluso mi padre, que estaba destinado a Sicilia, desertó".

Badoglio

No pasó mucho tiempo antes de que un grupo alrededor de Pietro Badoglio lograra obligar al rey de Italia a arrestar al Duce. Este fue arrestado en Gran Sasso d'Italia, el pico más alto de los Apeninos.

Skorzeny

Otto Skorzeny consiguió la sensacional liberación del Duce el 12 de septiembre de 1943, la cual tuvo consecuencias a nivel mundial. Él aterrizó con su avión, un Fieseler Fi 156 Storch, sobre el Gran Sasso d'Italia; allí montó al Duce en su avión y partió con él hacia Berlín. Los detalles sobre esta operación pueden encontrarse si uno busca información sobre la "Operación Roble".

Conde Ciano

Era el yerno del Duce y también estuvo involucrado en el complot contra su suegro. Comandaba las fuerzas armadas en el norte de Italia. El Duce le relevó del poder de estas fuerzas y se puso al mando de ellas, usándolas en su lucha contra los Aliados. Llevó a juicio a su yerno y, posteriormente, este fue condenado a muerte por alta traición.

Sarah Churchill

Todo esto me recordó a un paralelismo con Churchill. Él tenía una hija favorita, Sarah, quien se parecía a su padre en muchos aspectos, y sobre todo compartía su preferencia por las bebidas alcohólicas fuertes. A menudo se la encontraba borracha a primera hora de la mañana en la zanja de una de las calles del centro de Londres. Esto era, por supuesto, algo vergonzoso para una hija del primer ministro. Churchill solía quejarse al respecto: "Ella simplemente no entiende cuando le digo lo siguiente: 'La gente decente se emborracha en casa. Tómame como un modelo a seguir. Para el desayuno me tomo una botella de Burdeos y luego, durante el día, distribuyo una botella de whisky en pequeñas porciones. Y solo en la noche, cuando voy al club, es que empiezo a beber de manera regulada'."

Beber de manera regulada

Hoy en día no se comprende esta expresión. En las antiguas fraternidades estudiantiles era común beberse una cerveza de un solo trago después de una estricta ceremonia. Esto solía repetirse hasta que quedara un solo ganador en pie. Como la mayoría estaban "llenos" al llegar a la octava botella, tenían que vomitar. Por este motivo, se instalaron varios "vomitaderos" en un cuarto especial. Cada uno tenía dos mangos a cada lado, para que así cada persona pudiera agarrarse bien mientras vomitaba.

Churchill había aprendido a "beber de manera regulada" siguiendo el ejemplo ruso. Una fila de miembros de un club se paraba frente a una mesa, con un camarero dispuesto frente a cada uno de ellos; paralelamente, los camareros se encargaban de mantener las copas llenas, al tiempo que acumulaban los envases debajo de la mesa. Y Churchill, cuando regresó a su hogar, incorporó esta nueva costumbre. Las copas se vaciaban de un solo trago. El ganador era el último en mantenerse en pie junto a su mesa.

El yerno de Churchill

Churchill culpó a su yerno por la mala conducta de su hija. Él era un drogadicto y había tenido muy mala influencia en su amada Sarah. Cuando Churchill se enteró por la prensa de que Mussolini había ejecutado a su yerno, le contó este hecho a su propio yerno y le dijo que los comportamientos de Mussolini eran ejemplares. Él le dijo: "¿Sí ves? Así hay que hacer. Debería hacer lo mismo que Benito y simplemente matarte".

Pero el yerno no se quedó sin responder: "¡Cuídate! Si se hace pública tu admiración por Mussolini, te acusarán rápidamente de fascista."

Montecassino

Una vez acabada mi contribución, Antonio pudo seguir. Él nos explicó que Montecassino es una montaña de 516 m de altura, situada frente al mar. Mejor dicho, una roca enorme. Este era el mayor obstáculo en el camino de las tropas aliadas en dirección a Roma. Allí se dieron, durante la guerra, las batallas con el mayor número de pérdidas.

Benito de Nursia

En el año 600 d.C. Benito de Nursia fundó el primer monasterio cristiano sobre esta enorme roca. Antes de ello, no había monjes en el cristianismo.
Es interesante observar que, al mismo tiempo, en La Meca y Medina, el Islam surgió y se convirtió en una región mundial.
El enorme monasterio de Montecassino, construido hace más de mil años, fue uno de los mayores santuarios del cristianismo. Los alemanes, buscando proteger a este importante patrimonio de la humanidad, designaron una zona pacífica alrededor de este monasterio con un radio de un kilómetro. El papa les confirmó a los ingleses y estadounidenses que, en realidad, no había militares apostados allí (pues los Aliados habrían podido creer que se trataba de una estratagema de los alemanes).

Bombardeo

Sin embargo, Churchill y Eisenhower se despreocuparon del asunto. 230 aviones lanzaron miles de toneladas de bombas sobre este monasterio. Murieron los 400 monjes benedictinos que allí habitaban y también 900 mujeres y niños que habían huido al monasterio en busca de protección. El monasterio fue totalmente destruido, hasta sus cimientos.

Rescate de las obras de arte

El general Kesselring, quien supuso desde un principio que Churchill no dudaría en destruir sitios culturales de valor incalculable, puso a salvo los tesoros artísticos más importantes del monasterio: pinturas de Leonardo, de Tiziano, un tesoro de oro, cálices, custodias...
Montó todo en camiones, lo llevó hasta Roma y lo guardó en el Castillo Sant'Angelo. Churchill enloqueció. No había gasolina para los vehículos de guerra y a este idiota le daba ahora por cargar basura sin valor. Debería ser legal dispararle.

La reacción de Roosevelt

La destrucción total de este santuario del cristianismo de 1400 años de antigüedad fue vendida por Roosevelt al pueblo estadounidense de la siguiente manera: "Hemos destruido el centro de transmisión de los alemanes". En las ruinas del monasterio se había encontrado un volksempfänger[7] abollado. El volksempfänger era la radio de los pobres que no podían permitirse una radio de marca.

Batalla internacional

Los alemanes, después de la destrucción del monasterio, obviamente incluyeron toda el área en la zona de combate. Resistieron la embestida de los estadounidenses; también resistieron la embestida de los ingleses. Los canadienses tampoco pudieron tomar Montecassino. Se les pidió a los polacos que lo hicieran, pues estaban muy relacionados con la iglesia católica. Se les dijo que los alemanes querían tomar preso al papa en Roma y que, por eso mismo, el camino a Roma debía protegerse para salvar al papa en Roma. Los polacos

---

[7] Literalmente "receptor del pueblo", receptor de radio de difusión masiva.

lograron conquistar la cima, pero tuvieron grandes pérdidas. El cementerio polaco en la falda de la montaña testifica, al día de hoy, las numerosas víctimas del ejército polaco en el exilio.

Sikorski

Este asunto es particularmente infame si se recuerda que, de manera paralela a este hecho, Churchill ordenó asesinar a los líderes del gobierno polaco en el exilio. Además de esto, los alemanes, durante su avance sobre los territorios rusos, descubrieron la masacre de Katyn, donde Stalin había asesinado a 30.000 oficiales polacos y a muchos miembros de la clase alta al comienzo de la guerra. Sikorski y su gobierno querían aclarar este asunto. Ellos estaban en Gibraltar con un avión y querían seguir volando para solicitar una investigación de la Cruz Roja. Pero Churchill no podía permitir que esto sucediera, pues no quería molestar a su aliado Stalin. Por lo tanto, se le ordenó al piloto que dejara caer el avión al mar. Se le permitió salvarse con el paracaídas. Aparte de él, ninguno de los pasajeros sobrevivió.

Lucha de clases

Churchill sabía muy bien que Stalin, abanderado de la lucha de clases, aprovecharía todas las oportunidades que se le presentaran para eliminar a las clases altas. Él también sabía, por supuesto, que esto iba a pasar en Katyn cuando Stalin ocupara los territorios de Polonia oriental. Sin embargo, no podía admitir oficialmente que tenía un aliado así. El pueblo polaco, por lo menos, no lo habría aceptado.

Una herida sin sanar

Katyn sigue siendo, al día de hoy, una herida abierta entre polacos y rusos. Si bien Putin reconoció su culpabilidad por la masacre y su voluntad de conmemorar el día junto con el gobierno polaco, los polacos lo rechazaron. Toda la delegación del gobierno quiso conmemorar la masacre un día después, sola, y sin la presencia de rusos. Pero hubo un accidente increíble: se estrelló el avión que llevaba a la delegación oficial del gobierno. El presidente, todos los ministros, todos los secretarios de estado... 90 personas, todos sin excepción, perdieron la vida. Kaczyński, hermano gemelo del actual primer ministro, responsabilizó al gobierno ruso de este accidente.

Batalla por Roma

El camino a Roma quedó abierto después de la caída de Montecassino. Como Roma, la ciudad eterna, es un patrimonio cultural de la humanidad de primer orden, ninguno de sus tesoros artísticos debía ser destruido. Por lo tanto, fue declarada ciudad abierta (es decir, no había ningún soldado desplegado allí). Cuando una ciudad iba a ser disputada, esta era declarada una fortaleza; pero, en el caso de Roma, esto no sucedió.

Incendio de Roma

Roosevelt, que no sabía nada de historia, sabía, sin embargo, que Nerón era famoso por el incendio de Roma. Él quería ser tan famoso como Nerón y pasar a la historia de la humanidad con la destrucción total de Roma. Esto fue proclamado por todo el mundo con fines propagandísticos, tanto así que el papa tuvo que intervenir para prevenir este crimen.

Intercambio epistolar

Hubo un largo intercambio epistolar entre él y Roosevelt. En estas cartas el papa explicaba la singularidad de las colecciones del Vaticano. Sin embargo, esto solo estimuló, aún más, la codicia de Roosevelt pues, entre más grande fuera la pérdida y la destrucción, más famoso sería su nombre. Un periodista estadounidense quería fotografiar las imágenes de su vida cuando la cúpula de San Pedro se derrumbara. Entonces, se sumergió en el último piso de su hotel con vistas a la Catedral de San Pedro y, cada vez que sonaba la alarma de un ataque aéreo, apuntaba su cámara hacia allí con la esperanza de estar listo en el momento adecuado.

Madre Pascalina

El ama de llaves del papa, una monja de Ebersberg, escuchó a través de la puerta cuando el enviado del presidente estadounidense intentaba chantajear al papa. Él le decía al papa que toda Roma quedaría reducida a escombros si no excomulgaba a todos los católicos del ejército alemán. La monja, resuelta, no pudo contenerse. Abrió la puerta y le dijo al diplomático estadounidense: "Salga inmediatamente del salón de audiencias. Es hora de almorzar. Su Santidad tiene muy mala salud. Ahora necesita tomarse un caldo".

Escándalo

Este hecho fue, por supuesto, un escándalo de primer orden. El papa tuvo que expulsar a esta monja. Se le prohibió volver a ser su ama de llaves. Aparecieron caricaturas en los periódicos de Londres y Nueva York. Allí se veía a la monja alemana sentada en el trono del papa y al papa Pío XII besando sus sandalias. Esta historia también se extendió por Italia. En este caso, hablaban sobre la *papezza tedesca*, la papisa alemana.

Estación transmisora

El Vaticano tiene una estación transmisora. El papa, como se encontraba en una situación desesperada, se escondió allí. Se dirigió a Roosevelt en esta transmisión y dijo: "Salvé a 5.000 judíos de la deportación a campos de concentración; los escondí en el Vaticano y en las iglesias de Roma. Si usted quiere arrasar con el suelo de Roma, eso implica que usted también quiere que estos judíos mueran. ¿Quiere que la gente diga después que usted apoyó el Holocausto con 5.000 víctimas?" Roosevelt sabía, por supuesto, que estos judíos estaban escondidos en iglesias y monasterios. Su muerte no le habría molestado. Ahora bien, como el papa lo había puesto en evidencia, él no podía arriesgarse.

Destrucción de la estación transmisora

Roosevelt se enfureció y ordenó inmediatamente el bombardeo de la estación de transmisión en los Jardines del Vaticano. El daño fue inmenso. Muchas construcciones del Vaticano resultaron afectadas, incluyendo la pared lateral de la Catedral de San Pedro. Poco después del final de la guerra hubo una serie de postales que registraban los daños. Pero, hoy en día, todos estos recuerdos han sido borrados. El ataque se atribuyó oficialmente a la fuerza aérea alemana, la cual, supuestamente, quería impedir que el papa tuviera otra oportunidad de extender sus transmisiones en dirección a América.

El deseo sincero de Roosevelt no se cumplió: no pasó a la historia. Lo único que sabemos de él es que fue nombrado presidente cuatro veces en contra de la ley. El cuarto mandato, sin embargo, duró apenas unas pocas semanas. Él murió mientras le hacían un cuadro que lo retrataba en la pose de Abraham Lincoln.

Frascati

Ahora bien, los bombarderos y sus cargas, designados originalmente para atacar a Roma, no podían retirarse sin haber sido utilizados. Por lo tanto, Churchill ordenó que, al menos, Frascati fuera bombardeada. Frascati es una ciudad hermosa a 80 km al sur de Roma. Los romanos se retiran allí durante el verano, incluso desde la época de los Césares; sus vientos frescos y agradables provenientes del mar hacen que el calor del verano sea más soportable. Los ricos senadores romanos tenían allí sus magníficas villas y huertos. Durante el renacimiento, lo más altos líderes y obispos de la iglesia construyeron allí sus palacios. Es una de las ciudades antiguas más famosas de Italia. También es conocida por sus buenos vinos, en particular el blanco seco. En el bombardeo, murieron 1000 de sus 10.000 habitantes. Un vehículo todoterreno alemán, que casualmente estaba de paso, también cayó en el bombardeo. El piloto y el copiloto murieron. Churchill, entonces, pudo decirle lo siguiente a la prensa: "Logramos destruir una importante línea de abastecimiento de los alemanes".

Entrada en Roma

Los Aliados pudieron invadir Roma sin luchar y sin disparar un solo tiro. Ese fue el final de la guerra en Italia. Solo hubo unos pocos enfrentamientos durante la retirada. No pasó mucho tiempo antes de que las tropas aliadas llegaran a Milán.

Hemingway en Milán

Hemingway, el escritor número uno de la época, había comenzado su participación en la guerra en España en las Brigadas Internacionales. Luego de ello se había unido a las tropas aliadas en Italia e invadido Milán con ellas. Resulta muy interesante notar en qué se interesa un estadounidense al visitar una ciudad cultural europea tan venerable. Buscó (inicialmente en vano, pero luego con éxito) una tienda en la que vendieran carne de animales silvestres, ya fuera corzo, jabalí o liebre. Él, el gran cazador silvestre, el de la película de éxito mundial *Las nieves del Kilimanjaro*, el que caza en bosques americanos o europeos, solo tiene un interés: la caza y la guerra. La vida como una lucha. Luchar por la lucha misma.

Ese era el lema de esa época. Hitler, incluso, tituló su libro *Mi lucha*. El darwinismo social afirmaba lo que solo sobrevivían los más fuertes. Churchill, en vez de hablar de "pueblo" o "nación", hablaba de "raza". Él estaba convencido de que la raza más noble y hábil era la suya: la judía. Su madre era una judía estadounidense.

Castel Gandolfo

Esta es la residencia de verano de los papas. Churchill y Roosevelt se habían enterado por medio de su embajadora en el Vaticano de que el papa estaría ahí. Como ellos eran francmasones del grado 33º, su principal deber era erradicar el cristianismo. Al destruir Montecassino habían alcanzado un éxito inicial modesto y pequeño. El gran golpe (la destrucción del Vaticano y Roma) les fue arrebatado porque en este lugar había judíos que podrían resultar afectados. Pero el papa como persona, el vicario de Cristo en la tierra, era una presa fácil en Castel Gandolfo. Por eso, empezaron a bombardear los extensos terrenos del palacio. Era la hora del almuerzo y en el patio interior las Hermanas de la caridad estaban ocupadas recogiendo sopa en grandes jarras para dársela a madres hambrientas que habían huido con sus hijos. Como había muchos ataques de guerra en la zona, 1600 madres, acompañadas de sus hijos, se habían refugiado en Castel Gandolfo. Ellas querían protegerse y salvar sus vidas. Pero estuvieron lejos de lograrlo. El papa sobrevivió al bombardeo, pero más de 1000 madres, junto con sus hijos, murieron durante los ataques. Estaban en el patio, esperando la comida, cuando cayeron las bombas. Para Churchill fue un éxito parcial. Por lo menos pudo lograr que una creencia se viera afectada: creer que uno está a salvo en una iglesia. El incidente fue ocultado en la prensa. Luego, cuando se les volvió a preguntar, dijeron: "Es posible que las bombas también hayan caído sobre blancos equivocados en Castel Gandolfo".

Reflexión posterior

Debo confesar lo siguiente: a partir del momento en el que empezamos a hablar sobre la conquista del monasterio de Montecassino todo se hizo confuso. Yo ya no podría decir con exactitud quién dijo qué. Miroslav y Mila, probablemente, hablaron sobre Katyn y sobre el destino del gobierno polaco en el exilio. John contó la historia de Roosevelt y sus relaciones con la mafia, así como la de Hemingway. Lizzy estaba asombrosamente bien versada en todos los eventos que rodeaban al papa. Antonio contribuyó contando los acontecimientos de la guerra en Italia.

Lección escolar

En resumen, este caos absoluto no puede dejarse así como así. Más aún si recordamos que también se está hablando de crímenes increíbles. Debe aclararse qué información es correcta y qué es simplemente una mentira. Es más, esto es un modelo ideal para una clase de historia.

Lecciones digitales

En las escuelas alemanas se promueve el uso de iPhones y de tabletas. Propongo entonces el siguiente ejercicio: un maestro capacitado puede enseñarle a estudiantes interesados en la historia a verificar la veracidad de lo dicho sobre Montecassino, Frascati y Castel Gandolfo. Los estudiantes pueden elegir entre diferentes proyectos:
¿Se pueden encontrar todavía las cartas en las que Roosevelt y el papa discuten sobre un posible bombardeo sobre Roma y el Vaticano?
¿Hay alguna información sobre el ataque aéreo a Frascati y sobre los hechos que lo motivaron?
¿Qué fuentes se pueden encontrar sobre la batalla de Montecassino?

¿Es la película *Los diablos verdes de Montecassino* fiel a los hechos?

¿Quién ordenó el bombardeo de Castel Gandolfo?

¿Qué evidencias hay sobre la destrucción de la estación transmisora en los jardines del vaticano?

¿Qué se sabe sobre la Madre Pascalina de Ebersberg?

Criterios

El maestro debe instruir a los estudiantes sobre cómo distinguir entre los informes falsos y los fidedignos. Por este motivo, esta clase no solo sería una clase de historia, sino algo más grande: una lección sobre cómo acercarse a la información proporcionada por los medios. Debe suponerse, por supuesto, que la información veraz también puede encontrarse en internet.

El fin de Mussolini

Churchill había participado en la campaña italiana. Él, que solía estar mal de salud, cobró vida en la guerra. La muerte y los asesinatos alimentaban su espíritu. Cuando no pasaba nada, le daban depresiones muy fuertes. Incluso alucinaba. En sus alucinaciones él era perseguido por un perro negro del tamaño de un becerro. Churchill se refería a él como "Black Dog". Es más, la situación fue tan grave que tuvo que buscar ayuda psiquiátrica.

Charlie Chaplin

Por esos días conoció personalmente a Charlie Chaplin, quien también sufría de depresión severa. Ambos tenían el mismo psiquiatra y, por lo tanto, se encontraban a menudo. Ellos dos se habían hecho amigos durante un paseo por la playa que siguió a una gran fiesta de Hollywood. Churchill, en esta ocasión, animó a Chaplin a hacer una película sobre sobre enemigo común: Adolf Hitler. Chaplin, al igual que Churchill, era judío; y Hitler, por su lado, era el mayor enemigo del judaísmo financiero mundial.

El Gran Dictador

Así surgió la película *El Gran Dictador*. Como en aquel momento todavía no se podían reportar las atrocidades que hicieron de Hitler el mayor monstruo de la historia mundial para toda la eternidad, al menos podía ser objeto de burlas y chistes ante el público. Y Chaplin logró hacerlo con esta película.

Asombro general

Esta historia sobre la amistad entre este gran cómico y este gran político causó un asombro general. Esta fue aportada por Douglas. Nadie, con excepción Lizzy y John, había oído hablar del tema. Ahora bien, Houston agregó un detalle adicional: ambos estuvieron cerca del suicidarse durante toda su vida. Y no solo eso, también encontró un paralelismo con la obra más importante de la poesía alemana, el *Fausto*.

Suicidio y pacto con el diablo

Él nos contó lo siguiente: la obra más peculiar de Goethe comienza con grandes y amplios pasajes que giran en torno a un solo punto: el Dr. Fausto quiere celebrar su suicidio con un fervor casi religioso. Y luego, en vez de suicidarse, resulta haciendo un pacto con el diablo.

Black dog

Fausto sale a dar un paseo después de oír las campanas pascuales que le impidieron suicidarse (él ya había incluso levantado la copa que contenía el veneno mortal). En esas, caminando, se encuentra con un perro. Pero en la sala estrecha de un estudioso pueden pasar cosas increíbles con un perro.

"Ist es Schatten? Ist's Wirklichkeit?
Wie wird mein Pudel lang und breit
Welch ein Gespenst bracht ich ins Haus,
schon sieht es wie ein Nilpferd aus."[8]

Este perro, entonces, ha tomado las dimensiones del Black dog de Churchill. Y luego, cuando el Dr. Fausto llama a la bestia, nota que

"Schwillt es wie ein Elefant,
den ganzen Raum füllt es aus."[9]

Solo la amenaza de conjurarlo con el signo de la Trinidad, el signo más fuerte que posee el mago Fausto, hace que el monstruo negro revele su identidad. Mefistófeles, el diablo, emerge.

"Das also war des Pudels Kern"[10]

---

[8] ¿Es una realidad? ¿Es devaneo?
¡Cómo el perro se alarga, cómo crece!
¡Ya alzándose cual cerro, figura no es de perro!
¿Qué espíritu, qué espectro traje a casa?
Con su hocico tremendo y sus ojos de brasa,
ahora un hipopótamo parece más,
tal prole, al horrendo conjuro salomónico obedece.
(Esta cita, y las siguientes, son tomadas de la traducción del *Fausto* de Manuel Antonio Matta Goyonechea).
[9] Tras la estufa se va hinchando;
un elefante está ya hecho.
[10] ¡Tal era, pues, del perro, la pepita!

Fausto lo reconoce ahora. Y él, con este demonio, hace un pacto. Vende su alma y firma con su propia sangre: "Blut ist ein ganz besonderer Saft"[11].

Satánicos

Se sabe que Churchill practicaba el satanismo. Se sabe, todavía más, que era un francmasón, del 30 º grado, y que los Illuminati practican ritos satánicos. También es conocido el Bohemian Grove, en California, donde se reunían todas las luminarias de la política: Kissinger, presidentes estadounidenses y todos los personajes del establecimiento de renombre y de alto rango.

Lucifer

Él es el portador de la luz, tal y como su nombre lo indica. Sus adoradores son los iluminados: los Illuminati. Él trajo la Ilustración, el Siglo de las Luces, le *siècle des lumières*. Durante la Revolución Francesa, la iglesia y la religión fueron abolidas; monjes y clérigos fueron perseguidos y asesinados. En Notre Dame, en París, la razón humana fue coronada reina. Lucifer es el dios de este mundo.

Libertad, igualdad, fraternidad

Los lemas nobles deben disfrazar la verdad de sus objetivos. Los ideales de la Revolución Francesa son:

1. **Libertad** de toda moral, de todo derecho, de toda ley, de todo sentimiento de vergüenza, de toda norma moral previa

2. **Igualdad.** Abolición de toda jerarquía, todo rango, toda dignidad. Todos deben ser absolutamente iguales

---

[11] ¡La sangre es especial, amigo, en todo!

en su falta de derechos, en su inutilidad como material humano para experimentos médicos o depósito de órganos. También puede cambiársele el nombre por el de "donación de órganos" y por el de "carne de cañón sin voluntad".

3. **Fraternidad**, pero en este sentido: "Y si no quieres ser mi hermano, te romperé el cráneo". Es decir, en lenguaje sencillo: todos están obligados a participar, sin voluntad ni opinión propia.

Protesta

Yo ya me estaba mareando. En los demás podía percibirse un silencio incómodo. Yo le reclamé con estas palabras: "Lo que nos estás diciendo, Houston, es peor que cualquier teoría de conspiración. Has vuelto a perder las riendas de tu Pegaso y tu imaginación ha vuelto a galopar contigo". Charles fue más explícito: "Houston, tu interpretación de los ideales de la revolución francesa es tan radical que incluso rebasa a los extremistas más extremos."
Si Houston no fuera nuestro amigo, habríamos abandonado la sala en señal de protesta. De todas formas, los maravillosos platos italianos que habíamos comido al principio de la velada todavía pesaban en nuestros estómagos.

Cynthia

Ella fue la primera que pudo volver a hablar: "Si bien tu descripción del perro infernal Cerbero nos aturdió a todos, tu interpretación de los ideales de la revolución terminó por conmocionarnos. Sin embargo, todavía queremos que Antonio nos cuente cómo terminó la campaña italiana". Luego de ello, podremos ir a casa. Ya se ha hecho tarde.

Fin de la campaña italiana

Antonio, quien había resistido a estas nefastas ideas casi riéndose, no encontró ningún problema en acceder a la petición de Cynthia. Él pertenece al tipo de personas que no puede ser molestada por nada. Sus lemas son "laissez faire" y "dolce far niente". Esto le ha permitido deslizarse con tranquilidad por la vida y sin necesidad de luchar a diario por sobrevivir. "Es preferible observar y esperar. Esta actitud también nos hace a los italianos muy atractivos y adorables". Él comenzó entonces su relato afirmando que el fin de la guerra podía contarse rápidamente. La guerra había terminado con la entrada de los Aliados en Milán. Las últimas tropas dispersas del Duce se retiraron a las montañas y valles de los Alpes italianos del norte, perseguidas únicamente por algunos partisanos comunistas.

Captura del Duce

El Duce se había puesto un uniforme de suboficial del ejército alemán para ocultarse y, obviamente, quería huir por el puerto de Maloja y refugiarse en Suiza. Pero fue reconocido y capturado junto con sus últimos seguidores durante una incursión de unos partisanos comunistas en el lago de Como.

Notificación

Churchill, quien se había trasladado a Milán con las tropas aliadas, se enteró de esta captura gracias a sus informantes en el servicio secreto. Se le recomendó "relajarse" un poco, es decir, recuperarse y descansar de las tensiones de la campaña. Decidió entonces tomarse unos días en el lago de Como.

Giulino di Mezzegra

Él sabía muy bien dónde debía ir a "relajarse": a Giulino di Mezzegra, donde los partisanos comunistas mantenían cautivos al Duce y a sus compañeros. Se puso en contacto con ellos y quiso convencerlos de que le entregaran al Duce. Pero ellos se opusieron y también rechazaron sus ofertas en dólares. Ellos estaban orgullosos de haberlo perseguido y capturado.

Orden de disparar

Churchill, de todas formas, tenía que impedir que Mussolini fuera llevado a juicio. El gobierno inglés, y él mismo, estaban más que involucrados en la financiación y formación del fascismo en Italia. Esto no podía hacerse público. Ningún precio era demasiado alto. Entonces él, con amenazas brutales y grandes promesas, logró persuadir a los partisanos para que fusilaran al Duce y a sus compañeros. Él mismo lo habría ordenado con tal de evitar un juicio.

Los cadáveres

Los cadáveres del Duce, de su amante Clara Petacci y de sus compañeros fueron arrojados a un camión que los llevaría hasta Milán. Churchill había ideado un espectáculo especial: sus cuerpos fueron colgados y exhibidos en la Plaza de Loreto en Milán como si fueran marionetas; de esta manera, el pueblo podría burlarse de ellos y profanar los cadáveres.

Cortometraje de 16 minutos

Un cineasta aficionado grabó estos hechos. La grabación aún existe. Allí se ve a la gente común, hombres y mujeres, pisoteando los cadáveres. Apoyaban sus tacones y suelas sobre sus rostros, pateaban sus cabezas... Su entusiasmo demuestra qué tanto lo disfrutaban.

Cuerpos colgados

Luego Churchill ordenó que los cuerpos maltrechos fueran colgados por los pies para el espectáculo y la diversión pública. Todo esto era, en el espíritu del imaginativo poeta Churchill, una tragedia verdaderamente edificante. A la par de Shakespeare, su compatriota. Él incluso encontró una moraleja para esta historia. Es una cita del mismo Duce: "Cada uno muere de acuerdo a su carácter".

"Sí, y así fue".

Así terminó Antonio su participación. Luego de ello, el silencio irrumpió. La conferencia de Antonio, quien siempre era muy animado, también lo dejó perplejo. Brecht solía terminar sus obras en el Theater am Schiffbauerdamm de Berlín con esta cita: "las cortinas se cierran y las preguntas se abren". Pero nosotros, a diferencia de él, no podíamos terminar así la velada. Por eso, Houston encontró un punto final distinto. Él dijo: "un fin con horror es al menos un fin, y mejor que un horror sin fin". Después de todo, la guerra en Italia ya había terminado.

El final de Hitler

Hitler se había enterado del final de Mussolini, su amigo y compañero de armas, y también de cómo su cuerpo y el de su amante habían sido dispuestos para el escarnio público. Él sabía que Churchill tenía planeado algo similar para su propio final. Su cuerpo, atado de pies y manos, sería mostrado en una jaula del Circo Sarrasani en una procesión triunfal a través de Broadway y Times Square en Nueva York.

Incineración

Él dio entonces la orden de que su cuerpo y el de Eva Braun fueran incinerados después de que ellos se hubieran suicidado. De esta manera, sus cuerpos quedarían irreconocibles. Esto ocurrió dos días después de los acontecimientos de Milán. Hitler escribió lo siguiente en su testamento del 29 de abril de 1945: "Además, no quiero caer en manos enemigas que necesitan un nuevo espectáculo organizado por judíos para entretener a las masas"

Un buen final

Houston concluyó su alegato final lamentando no podernos dar un final más alentador. La guerra caliente había terminado con la muerte de los dos dictadores; a partir de entonces, siguió la guerra fría. Esta lucha se vivió con más fuerza en Berlín, donde la división de la ciudad en cuatro sectores condujo a enfrentamientos interminables.

Esperanza

Estas historias sobre la historia mundial, que se originaron principalmente en Londres, no han llegado a su fin. Los registros de nuestro amigo Henry han llegado, únicamente, al octavo día. Pero este libro no será un *Octamerón*. Todavía faltan el noveno y el décimo día. Una tercera parte pondrá fin a esta historia de diez días, a este *Decamerón*. Os invito a todos a mi casa para la próxima velada literaria. Allí podremos hablar sobre los comienzos esperanzadores de un mundo en paz, de la fundación de las Naciones Unidas y de la creación de una Europa unida, tal y como lo proclamó Churchill en su famoso discurso de Zúrich. Allí hablaremos, sobre todo, de cómo "el maligno" se ha convertido en una figura de luz, un redentor y un salvador de la humanidad.

Perspectiva

Desde hace años, todas las primaveras -es decir, en febrero-, cuando el clima de Londres se hace insoportable, vamos juntos a la Costa Azul. Allí disfrutamos del desfile de flores del *Mardi Gras* en Niza y de la Fiesta del Limón en Menton. Queremos volver a disfrutar de esto juntos en la siguiente primavera. De esta manera, nuestra historia de 10 días terminará en el lugar donde comenzó hace casi setenta años.

Despedida

Houston prometió avisarnos con tiempo la fecha en la que nos podríamos encontrar en su casa. Ya todos habíamos recuperado el buen humor. Entusiasmados, volvimos a conversar sobre las pequeñas cosas de la vida con nuestros vecinos. Antonio sirvió una copa de grapa para cada uno. Y así terminamos la octava velada con el mejor de los ánimos.